Oma, Opa, kann ich ein Eis?!

Dietrich von Horn

OMA, OPA, KANN ICH EIN EIS?!

Vom Glück, Enkelkinder zu haben

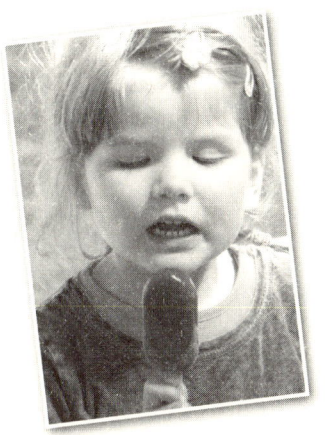

SCHWARZKOPF & SCHWARZKOPF

INHALT

Wie man den Frühling begrüßen kann ♀ Wie man Stofftiere satt bekommt ♀ Wie man das Aufstehen als eine Freude erleben kann ♀ Wie die Schleicherhand Angst und Schrecken verbreiten kann ♀ Wie man dazu kommt, sich wieder in die Sandkiste zu setzen ♀ Wie man der chemischen Verbindung Acrylnitril-Butadien-Styrol-Copolymer zum Greifen nahe kommt ♀ Wie Kartenspiele für Kinder bedeutend werden können ♀ Wie man sein Haus ausstatten sollte, wenn die Enkelkinder zu Besuch einfallen ♀ Wie man erlebt, wie wichtig Barbiepuppen und Pippi Langstrumpf sind ♀ Wie ein Besuch beim Doktor verlaufen kann ♀ Wie man auch feiern kann ♀ Wie Opa in ärztliche Obhut kommt ♀ Wie man eine Badelandschaft genießen kann ♀ Wie man gemeinsam spielen kann ♀ Wie man Geburtstag feiern kann

Wie der erste neue Zahn sich seinen Weg bahnt ♀ Wie ein Wildschweingehege interessant werden kann ♀ Wie man nach längerer Zeit wieder dazu kommt, Bilder zu malen ♀ Wie man Elsa und Anna kennenlernt ♀ Wie man nachmittags unterhalten werden kann ♀ Wie man sich beim Betrachten einer toten Möwe Zeit lassen sollte ♀ Wie man am Kinderfasching teilhaben kann ♀ Wie man mit Naevus Giganteus umzugehen lernt ♀ Wie man durch das Fotografieren der Enkel neue Sichtweisen erlangt ♀ Wie man ein Fotogeschichtenbuch gestalten kann ♀ Wie die Enkelkinder ins Philosophieren kommen ♀ Wie man mit Handys umgehen kann ♀ Wie man unter die Wölfe geraten kann ♀ Wie man auch spazieren gehen kann ♀ Wie man am Sonntag dazu kommt, Brötchen zu holen ♀ Wie Enkelkinder in der Lage sind, zu erstaunlichen Erkenntnissen zu kommen ♀ Wie die Schnullerfee ins Haus kommt ♀ Wie man nach langer Zeit mal wieder ins Kasperletheater kommt ♀ Wie einem das Zuwinken wichtig werden kann ♀ Wie man Rotschopfturakos begegnen kann ♀ Wie man ein Bild erklärt bekommt ♀ Wie man eine Karikatur von sich selbst im Keller entdecken kann

Wie man Streitigkeiten gelassen beobachten sollte ♀ Wie man das Versteckspielen wieder neu lernt ♀ Wie Farben unterschiedliche Wirkungen auf Menschen haben und dadurch Gefühle erzeugen ♀ Wie man über den Verzicht zum Glücklichsein kommt ♀ Wie man das Internet nutzen könnte ♀ Wie man in die Situation kommt, sich mit »Eytsch dii« auseinanderzusetzen ♀ Wie man sich zum bösen Wolf wandelt ♀ Wie man den Moment genießen kann

Wie die Fahrt zu den Enkelkindern manchmal deprimieren kann ♀ Wie man durch Enkelkinder schlauer wird ♀ Wie man auf andere Art seinen Gedanken folgen kann ♀ Wie man den Schreib- und Sprechfortschritt bei den eigenen Kindern verfolgen konnte ♀ Wie Nachrichten im Radio eine neue Aufmerksamkeit erlangen können ♀ Wie man einer alten Hutschachtel traurig hinterhersehen kann ♀ Wie man Memory wiederentdeckt und dabei etwas über sich lernt ♀ Wie man beim Aufhängen einer Jacke ins Grübeln kommt ♀ Wie Opa durch eine Tatortfolge im Fernsehen angeregt wird, über die Zukunftsaussichten seiner Enkelkinder nachzudenken ♀ Wie man auch ohne Enkelkinder überleben kann ♀ Wie man sich schon mal Gedanken über die Berufswahl der Enkelkinder machen kann ♀ Wie ein Großvater sein Leben ohne Enkelkinder einrichten musste ♀ Wie man unterschiedlich Schnee sehen kann ♀ Wie man lernt, mit einem Hexenschuss zu leben ♀ Wie man sich Gedanken über andere Kulturen machen kann ♀ Wie nicht großeltrige Freunde Opa beneiden ♀ Wie man sich erinnert, selbst ein Enkelkind gewesen zu sein ♀ Wie man die Bücher von Joachim Meyerhoff lesen kann ♀ Wie man mit einer Krähe ins Gespräch kommen kann

merksamkeit der Enkelkinder finden können ♀ Wie man sich Gedanken über das Auswendiglernen und das Rauchen machen kann ♀ Wie man nicht auf den Enkelkindertrick reinfällt ♀ Wie man lernt, dass Musik das Leben beeinflusst ♀ Wie man hemmungslos alte Lieder grölen kann ♀ Wie man zum Sticken kommt ♀ Wie der Einsatz der Großeltern offiziell mehr Anerkennung finden könnte ♀ Wie Enkelkinder sein können ♀ Wie von Opa etwas von Bedeutung aufbewahrt werden sollte ♀ Wie man Briefe schreiben kann ♀ Wie man ein Puzzlespiel selber machen kann ♀ Wie man sich auf eine Feier vorbereiten kann

Wie man in ein Freundebuch schreibt, wenn man noch gar nicht schreiben kann ♀ Wie man beim Eisessen helfen kann ♀ Wie man lernt, Haustiere als etwas Unberechenbares zu begreifen ♀ Wie man sich im Alter noch nützlich machen kann ♀ Wie man sich nach der Geburt eines Enkelkindes verhalten sollte ♀ Wie man verpflichtet sein sollte, sein Leben aufzuschreiben ♀ Wie ein Tag verlaufen kann, wenn nur die Großeltern im Haus sind ♀ Wie man sich als Großeltern verhalten sollte ♀ Wie man die Enkelkinder überzeugen kann, die Zähne zu putzen ♀ Wie man versuchen kann, seine Enkelkinder vorurteilsfrei zu beeinflussen ♀ Wie die Volkshochschule helfen könnte ♀ Wie man einen Schrank von Ikea für das neue Enkelkind aufbauen kann ♀ Wie man Gründe findet, auch außerplanmäßig die Enkel zu sehen ♀ Wie man über eine materielle Absicherung nachdenkt ♀ Wie man zu einem ereignisreichen Nachmittag kommt ♀ Wie ein Theaterabend einen ganz anderen Verlauf nehmen kann ♀ Wie man sich auch mal fordern lässt ♀ Wie man sich Hilfe holen kann, um das eigene Image zu pflegen ♀ Wie Elternratgeber auch den Großeltern helfen können ♀ Wie man feststellt, dass Jonna schulreif ist ♀ Wie man erlebt, dass der neue Schulranzen den nächsten Lebensabschnitt begleiten wird ♀ Wie man an der Einschulung des ältesten Enkelkindes teilhaben darf

Wenn aus Eltern Großeltern werden

Als meine Frau und ich unsere zwei Töchter großzogen, war das Leben nicht nur durch die Kinder, sondern in erster Linie durch den Beruf und sonstige mehr oder weniger wichtige Dinge bestimmt. Wie war das? Alles vermischt sich zu einem diffusen Konglomerat von Ereignissen, die sich zu einem unauflösbaren Gewebe aus Erinnerungen zusammensetzen. Das Erziehen lief nebenbei, es war eher ein Vorleben – ein unbewusstes, ungewisses Erziehen. Es gab keine Großväter, dafür zwei Großmütter, die zwar interessiert, aber doch eher beiläufig die Ereignisse ihrer Enkelkinder begleiteten. Eine echte Hilfe waren sie nicht. Aber wer weiß, vielleicht sollte man die Töchter einmal daraufhin befragen.

Wir sind mit unseren Kindern durch ihre Kindheit gegangen, haben mit ihnen ihre Pubertät durchlebt, haben sie begleitet beim Erwachsenwerden, bis sie so weit waren, dass sie ihren Lebensweg selbstständig gehen konnten. Es war eine wunderbare Zeit, die nun schon länger vorbei ist. – So ist nun mal das Leben.

Nun haben die Töchter Kinder – wir Enkelkinder. Was nun? Wie kann man an ihrem Leben teilhaben, ohne dass es die Töchter nervt? Ohne dass es die Großeltern nervt? Kann man die Zeit der eigenen Jugend durch die Enkelkinder wieder zurückholen? Schließlich hat man doch Zeit und die nötige Gelassenheit, um das zuzulassen. Es gibt keinen Druck von außen, der einen ablenken könnte von der Zuwendung den Enkelkindern gegenüber.

Darf man jetzt Freund, Vater-, Mutter- oder auch Lehrerersatz sein? Wird das überhaupt gewünscht?

Die beiden Töchter und die dazugehörigen Schwiegersöhne lassen eine Zuwendung den Enkeln gegenüber zu. Ja, der Kontakt wird gewünscht, sogar gefordert. Was für ein Glück.

Vier Enkelkinder gibt es zurzeit, vier Enkeltöchter: Jonna, im Moment sechs, Jente und Juli, beide vier Jahre alt, und Liv, neu geboren.

Im Zusammensein mit den Eltern der Enkelkinder sollte man einen Grundsatz auf jeden Fall beherzigen: Halte den Mund beim Zusehen, wie die Eltern erziehen, und behalte, wenn du in Erziehungsfragen eine andere Meinung hast, sie für dich. Wenn du allerdings gefragt wirst, erkläre, warum du etwas so oder so machen würdest.

Ein Leben mit Enkelkindern ist aufregend. Aber, und das sollte man nicht unterschätzen, auch anstrengend. Nicht nur körperlich, vor allem in den ersten Jahren, wenn es immer heißt: »Arm, Arm!«, sondern auch die Aufmerksamkeit, die so ein kleines Wesen über den ganzen Tag einfordert, ist immens. Da kann es dann auch schon mal zur Freude werden, wenn man abends wieder nach Hause fahren und die Nacht im Tiefschlaf verbringen kann.

Kinder muss man beschützen, zumindest in der ersten Zeit ihres Lebens, vor den Unbilden der Umwelt. Man hat einen Blick auf sie, wenn sie die Treppe hochgehen oder die Haustür aufmachen und auf eigene Faust die Welt erobern wollen. Man übernimmt bei Überlassung zwar eine Verantwortung den Eltern und den Kindern gegenüber, gibt sie aber auch wieder ab, wenn man nach Hause fährt.

Man muss sich auch nicht der einmal zu erwartenden Rebellion in der Pubertät gegen die Eltern stellen. Der Schwerpunkt des Zusammenseins mit den Enkeln kann nur sein, sie in der Zeit des Zusammenseins glücklich zu machen, mit ihnen zu singen, zu tanzen, zu spielen, mit ihnen rumzualbern. Man darf alle Facetten seines Ichs ausleben, man darf doof sein, frech, ausgelassen, unvernünftig, unverschämt, laut, chaotisch. Man darf sich auf dem Fußboden wälzen und sich auf den Knien vorwärts bewegen, solange es die eigenen Knochen noch mitmachen und man anschließend auch wieder irgendwie in die Senkrechte kommt. Man darf wieder Kind sein, ohne dass die Erwachsenenwelt irritiert guckt. Was für eine Erleichterung der eigenen Psyche. Die Enkelkinder werden dich dafür lieben. Und was gibt es Schöneres, als geliebt zu werden.

Namen der Akteure

Wer möchte, kann sich an dieser Namensliste orientieren, beziehungsweise die Verbindungen der Familienmitglieder nachverfolgen. Ebenso müssen eine Fülle von Tieren genannt werden, die eine große Bedeutung für die Enkelkinder haben.

Menschen:
- Oma Gina und ihr Mann Opa Diedl (Erzähler)
- Deren ältere Tochter Marthe mit ihrem Mann Kristof und deren Kinder Jonna und Jente, wohnhaft auf einem Ponyhof
- Oma Gitti und Opa Rolf, die Eltern von Kristof
- Die jüngere Tochter Aline, auch Lilly genannt, mit ihrem Partner Holmer und deren Kinder Juli und Liv
- Oma Eli und Opa Friedi, die Eltern von Holmer
- Uroma Henni, genannt Oma Handy
- Camila, genannt Cami, Au-pair-Mädchen aus Kolumbien
- Xihuan, Au-pair-Mädchen aus China
- Dana, 14 Jahre, Freundin von Jonna und Jente, gefühlte dritte Tochter

Tiere:
- Ponys: Salino, Bacardi, Kasper, Pauline, Viola (einäugig), Fossy, Hera, Dick, Dalli
- Pferde: Laura, Sultan
- Zwei Galloways ohne Namen
- Hunde: Emma, eine Mischung aus Border Collie und Golden Retriever; Oskar, ein dusseliger Riesenschnauzer, der Hund von Oma Gitti und Opa Rolf

- Miezi, eine zugelaufene Katze
- Ungezählte Schnecken, Regenwürmer, Käfer, Fliegen, Bienen, Wespen, Schmetterlinge, Mäuse, Fledermäuse, Ratten, Maulwürfe, Kellerasseln, Spinnen, Zecken

Bereits verstorbene Tiere:
- Pferde: Lester, Dicke
- Vier Maulwürfe, durch Einwirkung der Katze Miezi ins Jenseits befördert
- Zwei Großohrhasen ohne Namen, gestorben an Herzverfettung

Kasperle-Theaterfiguren:
- Kasperle, zweimal vorhanden
- Gretl, nur noch als Kopf vorhanden
- König
- Teufel
- Schnecke Schnecki
- Schlange
- Käfer Marini
- Blume Blümi
- Polizist Schreibauf
- Falko, der Adler

KAPITEL 1

OMA, OPA,
SPIELEN!

Wie man den Frühling begrüßen kann

An einem Tag wie dem heutigen, an dem die Sonne scheint, ein milder Wind weht, die grünen Blätter aus den Stämmen springen, wollen Oma und Opa natürlich zu den Enkelkindern. Mit dem Auto an den blühenden Rapsfeldern vorbei. Im Radio wird im Verkehrsfunk vor einem Segelboot auf der B76 gewarnt. Seit wann kann man da segeln?

Bei den Enkelkindern kommen sie gerade rechtzeitig an. Es wird nämlich der Einzug des Frühlings gefeiert. Der Schwiegersohn grillt.

»Rumpsteak, Würstchen, Lammfleisch, Ente, Huhn, Filet, Kotelett?«

Dazu Spargel und gekochte Kartoffeln, Sauce hollandaise.

»Ich will kein Fleisch! Ich will Toast mit Ketchup!«

»Ich auch!«

»Opa, du hast einen dicken Bauch.«

»Und wie ist der Bauch von deinem Papa?«

»Noch dicker.«

Die Esszeremonie dauert nun doch zu lang. Die Enkelkinder wollen spielen, beziehungsweise bespaßt werden.

»Opa, schaukeln!«

Opa lässt sich gerne darauf ein.

»Doller! Bis nach die Wolken! So, und nun musst du mit ›Dum-di-dum‹ an der Schaukel vorbeigehen. Und dann merkst du wohl nicht, dass ich schaukel. Und dann muss ich dich wohl mit den Füßen treten.«

Opa tut wie befohlen und fällt natürlich um, als das Enkelkind mit seinen Füßen ihn treten kann, was sehr zur Erheiterung beiträgt.

»Aufs Trampolin! Opa, du bist das Hindernis. Aber Schuhe ausziehen. Ich muss wohl immer über dich rüberspringen. Und dann musst du sagen, wie ich laufen soll.«

»Wie du laufen sollst?«

»Na, wie ein Pferd – Ga-lopp, Sche-ritt, Te-rapp, Haaalt, Tölt. Oder nach vorne umfallen, nach hinten umfallen!«

Opa tut, wie ihm gesagt.

»Opa, du musst jetzt auch mal springen.«

»Jetzt wieder schaukeln!«

»Jetzt bin ich Tiger! Chhhhh!«

Opa wird nun auch zum Tiger.

»Nein, Opa, du nicht, dann krieg ich Angst!«

»Komm, wir malen mit Kreide. Ich male mich. Ich reite auf der Katze. Unsere Katze hat zwei Maulwürfe gefangen. Jetzt haben wir keine Maulwurfshaufen mehr.«

»Wir machen jetzt mal eine Wettfahrt mit dem Rad. Du sagst: ›Los!‹ Und dann musst du mich anhalten und fragen, ob ich meinen Führerschein dabeihabe.«

»Haaalt! Bitte mal den Führerschein!«

»Bitte!«

»Danke. Sie können weiterfahren.«

»Opa, heb mich hoch! Und jetzt mal so mit Seitenwind! Schneller!«

»Opa, Pferd sein!«

Ihm werden rosa Hufglocken mit silbernen Funkelsteinen um die Knöchel gelegt. Er wird an die Leine genommen und muss nun den sandigen Parcours gehen.

»Ga-lopp! Sche-ritt! Te-rapp! Spe-ring! Du musst auch mal wie-hern.«

Hufe auskratzen.

»Braves Pferd!«

Abends im Bett bemerkt Oma, dass das doch ein schöner, entspannter Frühlingsbeginn war. Opa kann nicht mehr antworten, er ist bereits eingeschlafen.

Und was sagt uns das?

☞ *Körperliche Anstrengung ist gut für den nächtlichen Schlaf.*

Wie man Stofftiere satt bekommt

Wer möchte nicht mal frei sein wie ein Adler. Sich von allem befreien und mit gewaltigen Flügeln vom warmen Aufwind durch die Lüfte tragen lassen – zu seinem Horst fliegen und die erbeutete Atzung der jungen Brut zum Fraß in die gierigen Schnäbel stopfen. Und wieder fortfliegen, der Sonne entgegen, den stolzen starren Blick auf die Welt gerichtet, wo er auf der Suche nach weiterer Nahrung ist.

So ungefähr könnte man sich Freiheit vorstellen. Aber wissend, dass es solche Freiheit nicht für den Menschen gibt, muss man sich mit Notlösungen zufrieden geben.

Da hilft Falko. Falko ist eine Handpuppe, ein Adler mit riesigem gelben Schnabel und ebensolchen Augen, Glotzaugen. Er hat einen kleinen dicken Bauch und große Stoffkrallen. Opa setzt ihn ein, wenn er mit seiner Enkelin Juli ins Gespräch kommen will. Dazu steckt er der Puppe von hinten seine Hand in den Schnabel und in einen Flügel. Er wird zu einer lebendigen Figur. Er kann fliegen, wenn auch nicht hoch, aber immerhin. Das funktioniert meistens. Falko wird dann auch mal gestreichelt und darf mitspielen.

»Falko, du hast wohl Hunger.«

»Krächz, ich hab großen Hunger!«

» Ja, Falko, is ja gut. Du bekommst ja was!«

Juli läuft in die Küche. Sie bedient sich aus ihrem Kaufmannsladen.

»Schau mal, lecker Tomaten.«

Falko schnappt gierig zu, die Tomaten – aus Holz – werden heimlich in die Sofaspalte gesteckt.

»Hast du noch Hunger?«

»Krächz, Hunger, Hunger!«

Und wieder geht es in die Küche. Dieses Mal kommt sie mit Gurken zurück. Auch die verschwinden in der Sofaritze. Das Ganze wiederholt sich dann noch mit Würstchen, Käse, Pilzen und Apfelsinen. Wird Falko allerdings zu gierig, gibt's Schläge. Wenn er dann immer noch gierig ist, drückt Juli ihm ein Kissen über den Kopf.

»Hilfe! Hilfe! Ich krieg keine Luft mehr!«

Das stört sie aber nicht und hält das Kissen weiter über Falkos Schnabel.

»So, nun ist Falko tot. Ich hab ihn tot gemacht.«

»Aber dann kannst du ja gar nicht mehr mit ihm spielen.«

»Doch, nachher lebt er wieder.«

Und was sagt uns das?

☞ *Totgesagte leben länger.*

3

Wie man das Aufstehen als eine Freude erleben kann

Morgens um acht Uhr steht Juli im Schlafzimmer der Großeltern. Ihr Wuschelkopf taucht vor dem Bett auf. Sie will sich zwischen Oma und Opa legen. Opa darf sogar ihre Füße anfassen.

»Opa, du hast warme Hände.«

»Opa, Dino sein! Und ich bin der kleine Dino.«

Um Dino zu sein, bedarf es nicht viel Aufwand. Dazu braucht Opa nur seine abgeknickte Hand und seine Finger, die auf den Daumen gelegt werden. Wenn er jetzt die Finger und den Daumen zurückzieht, entsteht so etwas wie ein Gefühl, als ob der Dinosaurier nachdenkt. Er bewegt sich vorsichtig tastend vorwärts. Und wenn er die Finger vom Daumen hebt, kann er sogar sprechen.

»Ich bin der große Dino und will dich fressen!«

»Aber ich bin doch der kleine Dino. Ich bin dein Kind. Das kannst du doch nicht fressen.«

»Dooooch!«

Und dann gibt es einen Kampf, bei dem sich die Hand auflöst und Juli durchkitzelt.

»Dino! Nihicht!! Lass das! – Oma!! – Opa ärgert mich!«

»Dino muss jetzt aufstehen und sich für den Tag fertig machen«, sagt Opa.

Juli folgt ihm ins Badezimmer. Opa putzt sich die Zähne. Das schaut sie sich ganz genau an.

»Opa, du hast ja goldene Zähne!«

»Da kannst du mal sehen, wie wertvoll Opa ist.«

Und was sagt uns das?

☞ *Der Blick eines Kindes auf die Umwelt ist ein anderer als der eines Erwachsenen.*

4

Wie die Schleicherhand
Angst und Schrecken verbreiten kann

Die Schleicherhand kommt meistens unverhofft, zum Beispiel beim Frühstück. Plötzlich ist sie da. Ungefragt steht sie auf der Tischplatte und marschiert dort entlang in Richtung Juli. Manchmal langsam, manchmal ganz schnell, springt auf Julis Arm und läuft dann bis zu ihrem Hals, springt in ihr Gesicht und kitzelt sie.

»Schleicherhand, hau ab. Geh weg!«

Aber die Schleicherhand lässt sich nicht so schnell abwimmeln. Wenn es ihr gefällt, springt sie auf Julis Frühstücksbrett, wo ein aufgeschnittenes Brötchen liegt. Dort klaut sie sich die »Wolle«, das Innere des Brötchens.

»Nein, Schleicherhand, hierbleiben. Das ist meine Wolle!«

Manchmal kommt es vor, dass die Schleicherhand nur noch humpeln kann. Dann gibt es Schläge von Juli, weil sie mal wieder zu frech war. Die Schleicherhand ist eigentlich eine ganz normale Hand. Ihre Füße sehen aus wie ein Mittelfinger und ein Zeigefinger. Da der Mittelfinger etwas länger ist, kann sie nur hinken. Aber das stört sie nicht, denn sie kann elegant rückwärts, seitwärts, vorwärts gehen, sogar tanzen, laufen und springen. Wenn sie mal wieder ganz unverhofft auftaucht, dann verbreitet das Angst und Schrecken.

»Oh, die Schleicherhand, die Schleicherhand. Hilfe! Hilfe! Mama, rette mich! Die Schleicherhand kommt!!!«

Dann kann es wieder sein, dass sie sich zurückzieht und völlig verschwindet. Aber trauen kann man ihr nicht. Sie macht eben immer, was sie will. Wenn sie mal längere Zeit nicht auftaucht, wird nach ihr gefragt.

»Wo ist denn die Schleicherhand, Opa?«

Und dann guckt Opa nach, ob sie da ist, denn es kann sein, dass sie wieder ganz schnell über den Tisch läuft und Juli ärgert.

»Die Schleicherhand ist wieder da! Oma, rette mich! Rette mich!«

Und was sagt uns das?

☞ *Es braucht nicht viel, um ersehnte Angstlust zu erzeugen. Es reicht die Schleicherhand.*

5

Wie man dazu kommt, sich wieder in die Sandkiste zu setzen

Oma Eli und Opa Friedi haben im Garten eine Sandkiste bauen lassen, sogar mit einer Abdeckung, sodass Katzen da nicht reinkacken können und der Regen abgehalten wird. Im Sommer bei Sonnenschein wird die Sandkiste gerne von Juli genutzt. Längst hat sie begriffen, dass man Sand nicht essen sollte. Der schmeckt ein fach nicht. Das spuckt man gleich wieder aus. Und wenn man wirklich mal etwas davon aus Versehen runtergeschluckt hat, kommt es irgendwann auf natürlichem Wege unten wieder raus.

Das Spielen allein im Sandkasten ist auf die Dauer zu langweilig, und so wird Opa eingefordert, mitzumachen.

»Willst du einen Sandkuchen?«

»Gut! Mit Sahne?«

»Ja!«

Eine Plastikform wird mit Sand gefüllt und auf den Sitzrand der Sandkiste aufgesetzt. Mit der linken Hand schlägt sie von oben noch einmal kräftig auf die Form, damit sich der Sand von der Form löst. Schon beim Heben der Form fällt der Kuchen sofort in sich zusammen. Es bleibt nur ein kleiner Sandberg. Mit dem Ergebnis ist sie nicht zufrieden und wischt mit ihrer blauen Plastikschaufel alles wieder in den Sandkasten zurück.

»Und jetzt? Willst du eine Pizza?«

»Ja!«

»Mit Brokkoli?«

»Ja, gerne!«

Der Brokkoli wird gleich neben der Sandkiste vom Rasen genommen. Die Grashalme sind der Brokkoli-Ersatz. Beim Anmischen des Pizzateiges ergibt sich aber wieder das Problem mit der Konsistenz. Ist der Sand zu trocken, kann man keinen Sandkuchen und auch keine Pizza backen. Was macht man da? Man muss Wasser dazugeben.

»Opa, hol ma Wasser aus der Küche!«

Sie reicht ihm einen kleinen Plastikeimer.

»Nee, das mach du mal. Guck mal, da drüben steht eine Regenwassertonne.«

Sie geht zur Regentonne. Die ist aber zu hoch für sie.

»Opa, heben!«

Er hebt sie über den Rand der Tonne, sodass sie ihren Eimer füllen kann. Wieder zurück an der Sandkiste, wird nun der Teig angerührt. Jetzt ist Opas Ehrgeiz angestachelt. Es muss doch möglich sein, eine feste Sandkonsistenz zu schaffen.

»Wollen wir zusammen rühren? Dann sind wir beide Pizzabäcker?«

Opa hat Glück, es wird genehmigt. Es dauert eine Weile, bis das Anmischen des Pizzateiges so ist, dass sie damit zufrieden sind, also nicht zu viel, nicht zu wenig Wasser. Eine Amsel kommt vorbei und setzt sich auf die andere Seite der Sandkiste.

»Na, Vogel, willst du auch ein Stück von der Pizza für deine Kleinen?«

Der Vogel dreht seinen Kopf weg. Er ist Realist, erkennt sofort, dass hier nichts zu holen ist, und fliegt zwitschernd davon.

»Der singt aber schön!«, sagt Juli.

»Und jetzt kriegen Papa und Mama auch ein Stück von der Pizza!«

Mit einem Holzmesser teilt sie die »Pizza« in unregelmäßige Stücke. Eins davon schiebt sie auf ein kleines Brett, das sie aus der Küche geholt hat. Damit verschwindet sie im Haus. Danach müssen noch zwei Stücke zu Oma Eli und Opa Friedi gebracht werden, quasi als Dank für die Sandkiste.

Und was sagt uns das?

☞ *Die Pizza beim Italiener ist nicht so sandig.*

Wie man der chemischen Verbindung Acrylnitril–Butadien–Styrol–Copolymer zum Greifen nahe kommt

Der geneigte Leser möge sich die Frage gefallen lassen, was er sich denn bitte vorstellt, wenn er etwas von dem Kunststoff Acrylnitril-

Butadien-Styrol-Copolymer hört. Na? Eine kleine Hilfe: Es findet Verwendung in der Autoindustrie, bei Elektrogeräten und Computern, eigentlich überall in der Industrie.

Und was hat das mit Enkelkindern zu tun?

Sehr viel, denn aus diesem Stoff werden viele Kinderspielzeuge produziert, so auch das weltweit erfolgreichste Spielzeug des letzten Jahrhunderts: das Lego-Klötzchen. Der Standardstein ist mit acht Noppen auf der Oberseite und auf der Unterseite mit drei kleinen Röhren besetzt. So ist das Lego-Klötzchen seit 1958 auf dem Markt. Unverändert. Die Noppen und Röhrchen dienen dazu, beim Bau eine besondere Festigkeit zu erzeugen, die es zulassen, auch höhere Türme zu bauen.

Diesen Vorteil wissen Opa und seine Enkelkinder für sich zu nutzen. Steckt man die Steine einfach nur aufeinander, wird man schnell feststellen, dass der Turm nicht allzu hoch werden kann, aber baut man ein etwas größeres Fundament, verbindet sie miteinander wie die Maurer beim Kreuzverband, kann man schon mal Turmhöhen erreichen, die weit über die Kopfhöhe der Enkelkinder hinausragen. Was für eine Leistung! Bauen, konstruieren! Was für eine Lust! Wer will da was umstoßen? Auf keinen Fall! Wehe!

Opa ist sich nicht ganz sicher, ob er nicht mehr Lust als sein Enkelkind hat, mit den Legosteinen zu spielen. Juli ist, man sieht es ihr an, sehr am Umstoßen interessiert, traut sich aber nicht.

»Juli, nicht umstoßen!«

»Ja, Opa!«

Als Opa kurz in die Küche geht, um sich einen Kaffee zu machen, hört er von dort, dass der Turm mit gewaltigem Getöse umgestürzt sein muss. Als er zurückkommt, sagt Juli:

»Opa, is' umgefallen, ganz von alleine. Einfach so.«

Und was sagt uns das?

☞ *Das Zerstören ist genauso kreativ wie das Aufbauen.*

Wie Kartenspiele für Kinder bedeutend werden können

Sind die Enkelkinder aus den Windeln heraus und können die Zahlenreihe bis 12 lesen und benennen, kann man sie an die ersten einfachen Kartenspiele heranführen. Die Belastbarkeit mit solchen Spielen hängt sehr vom Kind ab. Lässt die Aufmerksamkeit während des Spieles nach, bricht man das Spiel ab. Wichtig ist am Anfang, dass man die Kinder häufiger gewinnen lässt. Das sollte aber nicht zur Regel werden. Beim Spiel zu verlieren muss früh gelernt werden.

Opa spielt mit Jonna Mau Mau.

Man braucht ein Skatblatt, also 32 Karten. Wenn man zu zweit spielt, bekommt jeder fünf Karten, die Restkarten auf den Tisch, die oberste wird umgedreht und neben den Stapel gelegt. Nun muss man die Karte bedienen, entweder mit gleicher Farbe, mit gleicher Zahl oder dem gleichen Bild. Bei der Acht muss der Gegner einmal aussetzen. Bei der Sieben muss der andere zwei Karten nehmen, es sei denn, er hat auch eine Sieben. Die darf er dann ablegen. Dann muss der andere vier Karten nehmen und so weiter. Legt man Kreuzbube, darf man sich eine andere Farbe wünschen. Wenn man die vorletzte Karte ablegen kann, muss man »letzte Karte« sagen. Vergisst man das, muss man eine Strafkarte nehmen. Wenn man die letzte Karte legt, muss man »Mau Mau« sagen.

Das Ansagen der letzten Karte vergisst Opa häufig. Jonnas besonderes Vergnügen liegt darin, dass sie dann immer ruft: »Opa, du hast was vergessen!« Dann fällt Opa verzweifelt vom Stuhl und sagt: »Oh nein, schon wieder vergessen!« und schlägt sich mit der Hand an die Stirn.

Ein weiteres Spiel, das für kleinere Kinder geeignet ist, ist »Schwarzer Peter«. Oft ist der »schwarze Peter« ein Schornsteinfeger oder eine schwarze Katze. Diese Karte ist nur einmal vorhanden.

Es geht darum, Spielkarten paarweise zusammenzubringen. Dabei wird reihum beim Nachbarn eine Karte gezogen. Spielpaare werden abgelegt. Wer den »Schwarzen Peter« bekommt und ihn bis zum Schluss behält, ist der Verlierer und bekommt eine Strafe. Er muss zum Beispiel einmal ums Haus laufen oder aus dem Keller Apfelschorle holen oder, oder, oder …

Beim »Quartett« kommt es darauf an, möglichst viele zueinander gehörende Quartette, also jeweils vier Karten von einer Sorte, zu sammeln. Reihum werden die Spieler nach passenden Karten befragt. Hat er sie, muss er sie rausrücken. Gewonnen hat der, der die meisten Quartette hat.

Beim »Schummeln« braucht man wieder ein Skatblatt: Die Karten werden zur Hälfte ausgeteilt. Dann beginnt ein Spieler mit der Herz-Sieben. Er legt sie verdeckt ab, der nächste die Herz-Acht und so weiter, wieder verdeckt. Wenn man nicht bedienen kann, muss man eine Karte vom Stapel nehmen. Man kann natürlich auch schummeln und eine andere Karte ablegen. Kommt das einem Mitspieler merkwürdig vor, kann er sagen »geschummelt«. Dann wird die letzte Karte umgedreht. Ist die Karte nicht die, die angesagt wurde, muss der Spieler alle Karten aufnehmen, die bereits abgelegt wurden. Ist die Karte aber richtig, muss der Spieler, der gesagt hat »geschummelt«, die Karten aufnehmen. Gewonnen hat der, der alle seine Karten ablegen kann.

Und was sagt uns das?

☞ *Auch mit Kindern im Vorschulalter kann man schon Karten spielen.*

Wie man sein Haus ausstatten sollte, wenn die Enkelkinder zu Besuch einfallen

Die Großeltern wollen in jedem Falle gerüstet sein, wenn die Enkelkinder zu Besuch kommen. Da nie so genau abzuschätzen ist, was sie wollen, kann man für einiges Vorsorge tragen, als da sind:

Bänder, Schachteln, Zahnstocher, Wäscheklammern, Packpapier, Wolle, Buntstifte, Bleistifte, Filzstifte, Klebestifte, Scheren, mit denen man sich nicht verletzen kann, Filz, Zeichenpapier, Malbücher, Knete, Farbkasten mit Magentarot, Zyanblau und Deckweiß, Pinsel in allen Stärken, Wassergläser, Doktorkoffer, Puppen, Puppenhaus, Playmobilfiguren, Legosteine, Holzbausteine, Puzzles, Vorlesebücher. Hoffentlich ist jetzt nichts vergessen worden. Das wäre ja zu ärgerlich.

Für den Fall, dass man fernsehen möchte, stehen Videos bereit: *Heidi*-Verfilmungen, *Biene Maja*, *Die kleine Raupe Nimmersatt*, *Shaun das Schaf*, *Bibi und Tina* oder Tanzgymnastikübungen. Sandkastenspielzeug – vor dem Haus gibt es noch einen Spielplatz, dahin könnte man ja auch noch ausweichen.

Das sollte wohl erst einmal reichen. Mal sehen, was kommt.

Es kommt: ein Kinderwagen, ein Buggy, ein Waschkorb mit Regenklamotten, eine Pampers-Kiste, Wickelunterlage, Feuchttücher, Fläschchen, Gummistiefel, Hausschuhe, ein Laufrad, ein Fahrrad, drei freudestrahlende Enkelkinder, zwei Töchter und ein schwanzwedelnder Hund.

Nachdem der Besuch wieder gegangen ist, bleibt ein Schlachtfeld zurück. Die Aufräumarbeiten werden Tage dauern.

Und was sagt uns das?

☞ *Auf alle Fälle gut vorbereitet zu sein ist immer gut. Für die Nachbereitung freie Zeit einplanen.*

Wie man erlebt, wie wichtig Barbiepuppen und Pippi Langstrumpf sind

Den Großeltern fällt auf, dass im Riesenangebot der Spielpuppen, die sich vor den Enkelkindern aufstapeln, jetzt auch Barbiepuppen auftauchen. Sie haben Brüste. Ihre Füße sind klein. Sie stehen auf ihren Fußballen. Diese Haltung der Füße ist nötig, damit man sie mit entsprechendem Schnickschnack ausstaffieren kann. So muss Barbie hochhackige Schuhe tragen und unendlich verschiedene Kleider haben. Sie hat lange Beine, große Augen, rote Lippen, an den Ohren Glitzersteinchen und einen Schwanenhals. Man kann ihre Haare kämmen, sie mit flüssiger Seife einreiben und dann abduschen. Man kann sie an- und ausziehen, die Arme und Beine verdrehen. Man kann sie in eine Barbiekutsche setzen, die von einem weißen Pferd mit weißem »Schopf« gezogen wird. Das Zaumzeug besteht aus goldenem Rosengeflecht. Die rosa Kutsche hat goldene Räder. Wenn man die Batterien einschaltet, setzt sich das alles in Bewegung.

Oma und Opa wissen, dass der eigene Geschmack oder die eigene Einstellung zu dieser Veranstaltung völlig unwichtig ist. Die eigene Meinung darf auch auf keinen Fall geäußert werden. Natürlich ist die Barbie keine realistische Abbildung einer Frau. Sie ist eigentlich eine Karikatur der erwachsenen jungen Frau. Ein Mädchen, das mit Barbies spielt, wird deshalb ja noch lange nicht magersüchtig oder ein Luxusweibchen. Sie findet sich allmählich in die Rolle der Frau. Die Enkelkinder mögen ganz einfach Barbies.

Die Gegenposition in der Menschwerdung übernimmt Pippilotta Viktualia Rollgardina Pfefferminz Efraimstochter Langstrumpf oder einfach Pippi. Sie ist in der Vorpubertät, hat keine Brüste, keine eleganten Kleider, rote Haare, rosarote Wangen und Sommersprossen. Sie kann alles, ist stark, hat Gold, wohnt allein und kümmert sich einen Dreck um die Meinung der Erwachsenen. Sie ist anarchistisch, selbstbewusst und unbelehrbar.

»Ich mach mir die Welt, wie sie mir gefällt.«

Ein Albtraum für jeden Lehrer, jeden Staat, der diktatorisch gelenkt ist. Sie muss einer solchen Staatsführung suspekt sein. In Saudi-Arabien und dem Iran ist sie verboten, weil die Werte, die Pippi vertritt, sich nicht mit dem Islam vereinbaren lassen, heißt es. Ein kleines Mädchen wird zum Staatsfeind! Auch Xihuan, das Au-pair-Mädchen aus China, kennt Pippi nicht. Sie ist ihr in ihrer Jugend nicht begegnet.

In der Welt der Enkelkinder sind Barbie und Pippi von großer Bedeutung. Sie stehen für eine Traumwelt, die man braucht, um später in die Realität des Lebens überwechseln zu können.

»Hey Pippi Langstrumpf, trallari trallahey trallahopsassa!«, singt Juli und schaltet dazu die Batterie der Barbiekutsche ein, die sofort an den vier Lampen im Wechsel blaurot zu leuchten beginnt. Barbie wird hineingesetzt, und die Batterie des Schimmels wird angestellt. Er fängt an zu wiehern, klappert mit den Hufen und zieht nun den Wagen, der sich langsam in Richtung Herd bewegt. An einem Tischbein bleiben Pferd und Wagen hängen. Nichts geht mehr. Juli befreit Pferd, Kutsche und Barbie und gibt einen neuen Weg vor.

Und was sagt uns das?

☞ Wie Karl Marx schon feststellte, »Umwelt prägt das Sein«.

10

Wie ein Besuch beim Doktor verlaufen kann

Am gemeinsamen Frühstückstisch wird es Juli zu langweilig. Deshalb soll Oma mit zum Spielen kommen.

»Oma, komm!«

»Juli, ich hab noch nicht zu Ende gefrühstückt. Warte einen Moment.«

»Nur ganz kurz, Oma!«

So lässt sie sich erweichen, Juli ergreift ihre Hand, zerrt sie vom Tisch und geht mit ihr ins Wohnzimmer. Dort kommt ihr Arztkoffer zum Einsatz.

»Ich muss dich wohl untersuchen, Oma!«

Dazu wird bei ihr das Hemd und das Unterhemd aus der Hose gezogen und mit dem Plastik-Stethoskop aus dem Arztkoffer der Bauch abgehört.

»Da hilft nur eine Spritze. Da musst du dann wohl Angst kriegen. Und dann musst du wohl sagen: ›Au au, bitte keine Spritze!‹ – Ich muss dir jetzt eine Spritze geben!«

»Au, au, bitte keine Spritze. Das tut weh!«

Mit großer Freude verpasst sie nun Oma die Spritze. Danach steckt sie ihr das Unterhemd und das T-Shirt wieder in die Hose, aber nur für kurze Zeit, denn es muss nun die nächste Spritze verabreicht werden.

»Frau Doktor, du hast gesagt: ›Nur ganz kurz!‹«

»Nein, ich hab gesagt: ›Ganz lang! Ganz lang‹, hab ich gesagt!«

»Aber, Frau Doktor, wenn ich jetzt die Spritze gekriegt habe, darf ich dann zum Frühstück?«

»Ja, aber erst die Spritze.«

»Aua, aua, bitte, bitte, keine Spritze.«

Aber da ist Frau Doktor unerbittlich. Was sein muss, muss sein. Danach kann sie auch zum Frühstück zurück.

Und was sagt uns das?

☞ *Ein Arzt kommt selten ins Haus, aber wenn er kommt, muss man auch mal auf sein Frühstück verzichten können.*

Wie man auch feiern kann

Juli hüpft singend und klatschend durch das Zimmer. »Wir feiern jetzt schön ein Fest, wir feiern jetzt schön ein Fest, wir feiern jetzt …«

Opa will wissen: »Und warum feiern wir denn? Gibt es einen Grund?«

»Ja, feiern!«

Das ist ein Argument, dem man sich nicht entziehen kann. Also feiern! Sie tanzt weiter singend durch das Zimmer. Hin und her, hin und her.

»Wir feiern jetzt ein Fest, wir feiern jetzt ein Fest, das ist sooo schön!«

Zwischendurch schmeißt sie sich auf das Sofa.

»So, ich kann nicht mehr. Ich mach 'ne Pause.«

Die Pause dauert ungefähr zwei Sekunden, dann rappelt sie sich wieder auf:

»Opa klatschen, Oma du auch, alle klatschen! So, jetzt spielen wir!«

»Ich denke, wir feiern ein Fest?«, wirft Opa irritiert ein.

»Ja, spielen ist auch feiern.«

»So, und was spielen wir jetzt?«, fragt Opa.

»Memory!!!«

Opa weiß warum. Da kann er sich noch so konzentrieren, er hat keine Chance. Und natürlich, sie hat wieder mal alles im Griff, gewinnt ein Pärchen nach dem anderen und stellt trocken fest:

»Ich glaub, ich sahn ab. Opa, du musst dich aber auch mal mehr anstrengen.«

Sie ahnt gar nicht, wie sehr sich Opa anstrengt!

Und was sagt uns das?

☞ *Zum Feiern braucht es keine Anlässe. Feiern wollen ist Grund genug.*

Wie Opa in ärztliche Obhut kommt

»Opa, du bist wohl krank. Und ich bin die Ärztin, und Jente ist die Krankenschwester«, sagt Juli.

Opa legt sich ins Bett.

»Frau Doktor, ich bin so krank. Können Sie da nicht was machen?« Sie untersucht ihn.

»Opa, sag mal A!«

Sie schaut in den Mund, in Opas Ohren, klopft mit einem Plastikhämmerchen auf seinem Brustkorb herum.

»Das ist eine Erkältung. Im Bett liegen bleiben. Schlafen!«

Opa legt sich auf die Seite und fängt an zu schnarchen. Krankenschwester Jente fragt:

»Schlafst du schon, Opa?«

Die Ärztin Juli sagt:

»Das heißt: ›Schläfst du schon, Opa?‹«

»Hab ich doch gesagt!«

»Nein, hast du nicht!«

Jente fragt Juli:

»Kannst du mich auch untersuchen? Du bist doch Arzt.«

»Ärztin! Ich bin eine Ärztin. Ich bin doch ein Mädchen.«

»Aber eine Ärztin ist doch auch ein Arzt.«

»Nein, eben nicht, eine Ärztin ist eine Ärztin.«

Bevor die beiden sich in die Haare bekommen, sagt Opa:

»Dann bin ich jetzt mal der Arzt.«

»Oh ja!«, rufen beide begeistert.

»Ich bin zuerst krank!«, sagt Jente, legt sich auf den Fußboden und zieht ihr Hemd hoch.

»Du musst mich abhören.«

Opa macht wie befohlen und kann sich eines merkwürdigen Gefühls nicht erwehren. Alter Mann legt Kopf auf die nackte Brust eines Kindes. Kann das fehlgedeutet werden? Erzählt Jente vielleicht im Kindergarten, dass Opa sie immer untersucht und sie sich auszieht? Haben die Erzieherinnen ihn nicht neulich beim Abholen so komisch angesehen? Solche Gedanken wären ihm früher nie gekommen.

»Du bist ganz gesund«, sagt er schnell.

»Jetzt ich!«, ruft Juli. »Ich hab Ohrenschmerzen.«

Super! Unverfänglich.

Beim Verabschieden sagt Juli:

»Opa, das war heute schön mit dir.«

»Darf ich dich denn auch mal wieder besuchen?«

»Ja – aber mit Oma.«

»Ich möchte dir zum Abschied noch einen Kuss geben, darf ich das?«

»Nein, dein Bart ist so stoppelig.«

Und was sagt uns das?

☞ *Wenn man sein Enkelkind küssen will, sollte man sich vorher rasieren.*

13

Wie man eine Badelandschaft genießen kann

Es ist endlich Sommer, was im Norden der Republik noch längst nicht bedeutet, dass das Wetter gut ist oder bleibt. Heute aber ist es warm, die Sonne scheint. Genau der richtige Zeitpunkt, eine Badelandschaft im Garten aufzubauen – das Planschbecken »Dinoland«.

Die Badelandschaft ist vom nächsten Supermarkt, hält wohl nur für eine Saison und besteht aus vielen Plastikelementen, die mit Luft gefüllt sein müssen, wenn man von ihr etwas haben will. Diese Teile mit dem Mund aufblasen würde Beschäftigung für eine

Woche bringen, aber auch mehrere Atemnotanfälle. Da aber eine Luftpumpe vorhanden ist, mit der man Schlauchboote aufblasen kann, ist bald ein Ende der Arbeit in Sicht.

Aus den seitlichen zu befüllenden Plastikwänden wachsen eine Palme, ein Baumstumpf mit Papagei und eine kleine Rollbahn für Bälle hervor. Auf dem Boden der Badelandschaft kann man eine Rutschbahn aufpumpen. Darüber schlängelt sich ein Drache, aus dessen Körper bei Anschluss an den Hahn Wasser herabrieselt. Ein Dinosaurier guckt grimmig und hält einen Plastikring in seinen Klauen.

»Oh, was bin ich aufgeregt! Oh, was bin ich aufgeregt!«, sagen Jonna, Jente und Juli im Chor.

Im Nu sind die Kleider ausgezogen, und mit lautem Schreien stürzen sie sich in das eingelassene Wasser. Oma meint, das Wasser sei zu kalt. So wird heißes Wasser dazugegossen.

»Vorsicht! Nicht zu wild! Sonst rutscht ihr aus und fallt auf den Kopf!«

Oma Handy meint, dass ihr das alles viel zu bunt sei, eigentlich kitschig. Aber sie fragt ja keiner, und sie muss ja nicht darin baden. Auf der Badelandschaft sind groß gedruckte Warnschilder angebracht. »Achtung! Ertrinkungsgefahr! Kinder unter drei Jahren unbedingt beaufsichtigen! Supervise! Supervise! Supervise!« Auch auf Französisch, Chinesisch, Arabisch und Spanisch wird gewarnt. Opa folgt der Anweisung. Er will Supervisor sein. Er holt sich einen Stuhl, einen Whisky auf Eis, zieht seine Schuhe aus und streckt seine Füße ins lauwarme Wasser der Badelandschaft. Ja, so geht es, so lässt es sich aushalten. Nach einer halben Stunde verliert die Badelandschaft für Jonna, Jente und Juli ihren Reiz.

»Ich friere. Ein Handtuch!«

Die Handtücher werden gereicht.

»Wollen wir Bauernhof spielen? Ihr seid wohl die Menschen und ich die Pferde?«, fragt Juli.

»Oh ja!«, sagen Jonna und Jente.

Und schon geht es jubelnd ins Haus.

Die Badelandschaft bleibt zurück. Ihr entweicht die Luft. Schon ein Loch im Badeparadies? Die Plastikpalme lässt traurig ihren Kopf hängen, der Papagei seine Flügel, die Seitenwände werden langsam weich und instabil. Die Badeanzüge hängen auf dem Rücken des Plastikdrachens zum Trocknen. Wie lange noch?

Opa trinkt seinen Whisky aus. Er hat seine Arbeit als Supervisor getan.

Und was sagt uns das?

☞ *Man muss seinen Whisky nicht unbedingt an der Bar trinken. Am Rande einer Badelandschaft geht das auch, man ist an der frischen Luft, es ist gemütlicher, und es ist vor allen Dingen billiger.*

14

Wie man gemeinsam spielen kann

Oma und Opa werden freudig erwartet. Juli öffnet die Tür und strahlt.

»Opa, komm, spielen!«

»Opa, Schuhe ausziehen!«

»Opa, wir gehen jetzt hoch und machen es uns gemütlich und spielen.«

Opa achtet darauf, dass das Treppensteigen nicht zu gefährlich wird.

»Langsam, ganz langsam. Und schön am Geländer festhalten.«

»Opa, das weiß ich doch.«

»Opa, kuck mal, und hier ist der Schalter zum Lichtanmachen. Das hast du aber jetzt nicht gewusst. Oder?«

»Opa, Buch kucken!«

Die Kiste mit den Bausteinen und den Figuren wird ausgeschüttet und gleichmäßig im ganzen Zimmer verteilt.

»So, jetzt ist es gemütlich. Du bist jetzt wohl die Mutter, und ich bin das Kind.«

Zum Rollenspiel kommt es aber nicht, weil Juli nun wieder nach unten will, genauer, in die Küche. Dort stellt sie sich in ihren Kaufmannsladen und fordert alle auf:

»Wollt ihr was kaufen?«

Das lässt sich keiner entgehen. Oma und Mama kommen dazu. Opa stellt sich auch in die Reihe.

»Nein, Opa, du nicht!«

»Opa, du störst!«

»Opa, hau ab!«

»Opa, geh weg!«

Das lässt Opa sich nicht zweimal sagen. Das ist die Chance, den neuen *Stern* zu lesen, aber er kommt nicht weit.

»Opa, kuck ma!«

»Opa, Arm!«

»Opa, nach draußen gehen!«

»Opa, nich' kucken!«

»Opa, ich versteck mich!«

»Eins, zwei, drei, vier, acht, zehn, suchen!«

»Opa, hier bin ich, hieeer!«

»Opa, du bist blöd!«

»Opa, komm. Da hinten ist ein Pilz.«

»Opa, komm, wir laufen!«

»Opa, komm Sandkiste!«

»Opa, du bist jetzt wohl Mama!«

Und was sagt uns das?

☞ *Auch als Befehlsempfänger hat man es nicht leicht.*

Wie man Geburtstag feiern kann

»Oma, Opa, ich hab heute Geburtstag!« Juli kommt strahlend auf sie zugelaufen. Ihre goldene Krone, die sie aus dem Kindergarten mitgebracht hat, fällt von ihrem Kopf.

»Wie alt bist du denn geworden?«, fragt Oma, als wenn sie es nicht wüsste. Stolzen Blickes zeigt sie vier Finger in die Höhe.

»Kommt mal mit. Ich muss euch was zeigen!«

Sie nimmt Oma und Opa an die Hand. Vor der Wohnzimmertür hält sie inne, legt ihren Zeigefinger auf den Mund.

»Pssst.«

»Ach du Schreck«, denkt Opa, »sie wird doch hoffentlich kein Haustier bekommen haben.«

Vorsichtig öffnet sie die Zimmertür und zeigt mit großer Geste triumphierend an die Decke. Dort ist eine Leine gespannt, an der farbige Luftballons hängen. Erwartungsvoll schaut Juli Oma und Opa an.

»Das ist für mich! Weil ich heute Geburtstag habe!«

»Das ist ja toll!«

»Was hast du dir denn zum Geburtstag gewünscht?«

»Ich wünsch mir, dass ich lebe.«

Ein wunderbarer Wunsch. Aber so ganz ohne Geschenke geht es nicht.

Das Geschenk ist in buntem Papier eingeschlagen. Mit Elan wird die Verpackung aufgerissen. Ein Plastikbauernhof kommt zum Vorschein. Dazu unzählige kleine Plastiktüten mit Kleinteilen. Vor 30 Jahren waren in den Playmobilpackungen fünf Einzeltüten, jetzt sind es mindestens 50. Das muss nun ausgepackt und aufgebaut werden. Juli beginnt mit dem Aufreißen der Tüten.

»Haaaalt! Nicht alle Tüten auf einmal aufreißen. Das kriegt man sonst nie zusammen!«

Völlig überfordert schaut Opa auf das Plastikwirrwarr.

»Mama, wann kommen die anderen?«

Die anderen sind außer ihren Kusinen Jonna und Jente noch Marla, Frieda, Felix und Nuri, ihre Kindergartenfreunde. Ursprünglich hatte sie zwölf Kinder auf ihrer Einladungsliste, musste sich dann aber auf vier Freunde beschränken. Das war für sie einleuchtend, weil sie ja vier Jahre alt wird. Und dann sind sie da. Mehr oder weniger schüchtern, aber keiner braucht Beistand der Mama, die dürfen sich verabschieden.

Zunächst geht es an den Kaffeetisch. Eine wunderschöne Erdbeergeburtstagstorte mit Fähnchen und Kerzen, umrahmt von Glitzersternen und Luftballons, bunten Papptellern und Pappbechern, steht auf dem Tisch. Die Bedenken, dass eine Erdbeertorte vielleicht zu wenig ist, verfliegen rasch. Erdbeertorte wollen nur Oma und Opa. Die Kinder verzehren ausschließlich Waffeln und Schokoladenkekse und das erstaunlich ruhig und diszipliniert.

Lauter wird es dann beim Topfschlagen. Dort wird auf alles Mögliche gekloppt, nur nicht auf den Topf. Die Hinweise »wärmer, wärmer, kälter« werden zwar wahrgenommen, aber offensichtlich nicht verstanden. Da muss Oma schon mal ein wenig nachhelfen, um die Geduld der Wartenden nicht allzu sehr zu strapazieren.

Nun aber an die frische Luft. Irgendwo ist ein Schatz vergraben. Das Geburtstagskind vorweg, die anderen im Schlepptau hinterher. Alle, bis auf einen. Felix.

Wo ist Felix?

»Felix!! Wo bist du?«

»Hieeer!«

Er kommt um die Ecke. War er im Regen? Es regnet doch gar nicht. Nein, Felix war nicht im Regen, er war in der Regentonne. Jedenfalls bis zu den Schultern.

»Felix, was soll das denn?«

»Ich hab den Schatz gesucht! In der Tonne ist er nicht.«

Endlich wird der Schatz in einem Blumenbeet gefunden. Glitzer-stifte, Glitzersteine, Gel-Stifte, Neonfarben und weitere Mal- und Bastelutensilien müssen sofort ausprobiert werden. Mit Eifer ma-chen sich die Kinder ans Werk. Nach geraumer Zeit sind nicht nur die Papiertüten verschönt worden, sondern auch T-Shirts, Blusen, Hosen, Tisch, Stühle und der Fußboden.

»Das kann ich heute Abend sauber machen. Juli wird bestimmt ins Bett fallen«, meint die Mama.

Um 21.30 Uhr liegt die Mama immer noch neben Juli im Bett. Das Buch ist ihr aus der Hand gefallen, sie hört gerade noch Juli sagen: »Mama, ich hab doch immer noch Geburtstag, nich?«

Und dann ist sie auch schon eingeschlafen – Mama.

Und was sagt uns das?

☞ *Wenn man Abwechslung braucht, sollte man zum Kindergeburts-tag gehen.*

KAPITEL 2

OMA, OPA,
KUCKT MAL!

Wie der erste neue Zahn sich seinen Weg bahnt

Donnerstag ist Enkelkinderbetreuungstag. Nicht dass ihre Kinder diesen Tag nun unbedingt eingefordert hätten, nein, da wollen eher er und seine Frau sich nützlich machen, den Kindern die Arbeit mit ihren Kindern erleichtern. Ist ja nicht ganz uneigennützig. Macht man ja gerne, man kann am jungen Leben teilhaben, Entwicklungsschritte miterleben, die Probleme der Enkel verstehen.

So kriegt Jonna einen neuen unteren Schneidezahn. Der alte muss dazu erst einmal raus. Er beginnt zu wackeln. Ihr erster Wackelzahn.

»Opa, guck mal, er wackelt.«

Zaghaft berührt sie ihn.

»Da musst du mal kräftig in einen Apfel beißen, dann ist er raus.«

Weit aufgerissene Augen schauen ihn an.

»Dann verschluck ich ihn noch!!«

»Och, das macht nichts. Der kommt dann irgendwann unten wieder raus.«

Blankes Entsetzen im Gesicht des Enkelkindes. Er hat das Gefühl, dass sein wohlgemeinter Ratschlag eher das Gegenteil bewirkt hat. Mein Gott, wie soll er sie beruhigen?

»Schau mal, Jonna, es ist so.« Er drückt sie liebevoll an sich. »Alle kleinen Kinder verlieren ihre Zähne, und die wachsen dann alle wieder nach, sogar noch mehr, als du vorher hattest. Das ist also gar nicht schlimm.«

Jonna schweigt.

Und dann passiert es wirklich noch am selben Tag. Beim Abendbrot fällt er wirklich raus – ohne dass sie ihn verschluckt. Dafür startet eine panikartige Weinattacke. Trost ist nicht möglich.

»Ich will das nicht. Ich will meinen Zahn behalten. Ich will nicht Zähne aus Plastik haben wie Oma. Die kann alle ihre Zähne rausnehmen. Und wenn sie dann spricht, hört man nur: Mmmph-ampph.«

Der nächste Kreischanfall setzt ein. Mein Gott, denkt Opa, sie stellt sich aber auch an. Oma errät seine Gedanken.

»Es beginnt ein neuer Lebensabschnitt. Ein verlorener Zahn ist wie eine verlorene Seele.«

Sie hat recht. Opa findet wieder beruhigende Worte.

»Aber da brauchst du keine Angst zu haben. Ich hab dir doch schon erklärt, da wächst ein neuer.«

»Bei Oma aber nicht.« Erneut anschwellendes Gebrüll. Luft-schnapper, Körperbeben, erneutes Luftschnappen.

»Und wieso – steht die Sonne – still – und die Erde – bewegt sich, – und warum – kriegen wir – das nicht mit – und warum fallen wir nicht von der Erde? Und warum steht der Mond – mal da – und mal da?«, bricht es stoßartig aus ihr heraus, und sie erwartet keine Antwort.

Und was sagt uns das?

☞ *Nicht alles lässt sich so leicht erklären wie ein verlorener Zahn.*

Wie ein Wildschweingehege interessant werden kann

Wildschweine – lateinisch sus scrofa –, Paarhufer, haben schwarz-braunes Borstenfell, brauchen feuchte Gebiete, damit sie sich suhlen können. Sie rotten sich zusammen. Das Hausschwein ist ein do-mestiziertes Wildschwein. Wenn man die beiden Arten allerdings vergleicht, kann man erkennen, zu was der Mensch in der Lage ist. Er hat das Wildschwein zur Sau gemacht.

Wildschweine fressen sich im Herbst Fettreserven für den Winter an. Am Rande von Großstädten sind sie inzwischen auch schon zu Hause, graben die Vorgärten um und werden zur Plage. Wenn man sie genauer beobachten möchte, muss man zu einem Frei- gehege gehen, wo sie hinter einem Zaun ihr Leben fristen.

Spannend wird es, wenn man mit seiner Enkelin Wildschweine besucht. Mit großen Augen steht Juli am Zaun und beobachtet sprachlos die Tiere, die sich hemmungslos im Morast suhlen und mit ihrer Schnauze den Boden aufwühlen.

»Oma, füttern!«

Oma ist natürlich darauf vorbereitet und holt aus ihrer Tasche eine Packung ungekochter Nudeln heraus.

»Darf man Nudeln eigentlich an Wildschweine verfüttern?«, fragt Opa.

»Keine Ahnung, das googeln wir mal zu Hause. Ein Verbots- schild steht hier ja nicht«, sagt Oma.

Juli steckt die Nudeln einzeln durch den Maschendraht, wo auf der anderen Seite die Wildschweine sich um die Beute schlagen. Kommt ein ranghöheres Schwein dazu, beißt es nur einmal kurz um sich, sodass alle anderen quiekend davonspringen.

»Die haben aber ein supergutes Leben«, stellt Juli fest.

Nudeln knacken. Offensichtlich ein Hochgenuss für Wildschweine.

»Nein, du kriegst nicht mehr, du hast schon genug. Du bist zu dick.«

Und dann, plötzlich, erschallt ein Geräusch des Keilers, Füh- rer der Rotte, und alle springen wie gesengte Säue auf. Die wild gewordene Herde rennt davon. Wie ein Spuk sind sie alle ver- schwunden.

Opa versteht jetzt die Redensart: »Er fährt wie eine gesengte Sau.«

»Kommen die wieder?«, fragt Juli.

»Bestimmt!«, sagt Opa.

Und was sagt uns das?

☞ *Es muss nicht unbedingt ein Löwe sein, der die Aufmerksamkeit erzielt. Ein Wildschwein reicht völlig.*

Wie man nach längerer Zeit wieder dazu kommt, Bilder zu malen

Opa hat früher viel gemalt. Meistens gegenständlich, manchmal abstrakt, mit Ölfarben, auch mit Acryl auf Leinwand. Er ist sogar in einem Kunstkreis Mitglied. So werden Ausstellungen organisiert, zu denen auch viele Leute kommen. Er darf dann ab und zu die Einführungsrede halten. Welche Bedeutung die Kunst für den Menschen hat und so was. Die Erfahrung des Künstlers ist subjektiv, er lebt aber in der kritischen Auseinandersetzung mit der eigenen Wahrnehmung. Er gibt eine Antwort auf gesellschaftliche Verhältnisse. Danach steht man dann bei seinen Bildern herum und wird auch mal von Besuchern befragt:

»Was haben Sie sich bei dem Bild gedacht?«

Ja, meine Güte, was er sich dabei gedacht hat. Das ist ihm eigentlich auch nicht immer klar.

»Meine Bilder brauchen keine Erklärung. Die sollte man sofort verstehen. Wenn das nicht so ist, sollte man darüber nachdenken und zu eigenen Erklärungen kommen.«

»Entschuldigung. Wo ist hier die Toilette?«

»Sie sind doch mal Lehrer gewesen. Da kriegen Sie doch eine unglaublich hohe Pension. Da bin ich richtig neidisch.«

»Ich habe Sie neulich im Theater gesehen. Wie hat es Ihnen denn gefallen?«

»Arbeitet Ihre Frau eigentlich noch?«

Dann werden Schnittchen gereicht und es wird Wein getrunken. Nach zwei Stunden ist die Vernissage vorbei. Das war ein netter Abend. Im Gästebuch steht:

»Wie immer sehr interessant!«

»Weiter so!«

»Wir kommen wieder!«

»Sehr beeindruckend!«

Verkauft wird an diesem Abend kein Bild. Wilhelm Busch hat schon recht: »Leicht kommt man an das Bildermalen, doch schwer an Leute, die's bezahlen.« Und weil das so ist, haben sich im Laufe der Zeit eine Menge Bilder von ihm angesammelt, die nun alle im Keller stehen, den Platz wegnehmen und vergeblich darauf warten, mal wieder ins Licht der Öffentlichkeit zu kommen. Eine Enttäuschung.

Ein Bild könnte er noch malen. Ein großes schwarzes Quadrat auf weißem Grund, und darunterschreiben:»Es ist alles gesagt und gemalt. Hiermit erkläre ich die Malerei für beendet.« Aber das wäre mal wieder ein Plagiat, bereits 1915 von Kasimir Sewerinowitsch Malewitsch so gemalt und so ähnlich gesagt. Da kommt Opa gute 100 Jahre zu spät.

In seinem Leben wird er wohl kein Bild mehr malen. Kein Bild mehr? Da hat er aber die Rechnung ohne seine Enkelkinder gemacht. Jonna, Jente und Juli kramen ihre Zeichenblöcke, Malbücher, Filzstifte, Bleistifte, Buntstifte, Tuschkästen hervor, und los geht es. Opa setzt sich dazu, nimmt sich auch ein Blatt Papier und versucht, ein Pferd zu malen, nicht unbedingt zu seiner Zufriedenheit. Dagegen sind die Enkelkinder total begeistert.

»Opa, du kannst ja toll malen!«

»Ihr könnt aber auch toll malen!«

Und so entstehen Bilder von eigenem Reiz, abstrakte und gegenständliche. Linienknoten, Linienbündelungen, willkürlich verteilte Farbtupfer, Körperabdrucke, von der Hand, dem Fuß. Jonna malt einen Menschen mit großem Gesicht, großen Zähnen und Haaren auf grünem Papier. Die Hände setzen am Kopf an und sind als größerer schwarzer Punkt mit fortgeführten Linien angedeutet. Mit der Schere wird das Gesicht ausgeschnitten, und direkt an die großen Zähne werden die langen gelben Beine geklebt, darauf sind jeweils zwei Kniescheiben gezeichnet.

»Opa! Kannst du behalten. Schenk ich dir!«

Jetzt hängt das Bild bei Oma und Opa zu Hause an der Kühlschrankwand, befestigt mit einem Magneten. Und das Schöne – es hat nichts gekostet. Wieder zu Hause, holt Opa eine Leinwand und seine Malutensilien aus dem Keller.

Und was sagt uns das?

☞ *Ein Bild malen ist ein schöpferischer Akt – allein deshalb macht es Sinn.*

19

Wie man Elsa und Anna kennenlernt

Hans Christian Andersen, der Märchenerzähler aus Dänemark, hat viele bemerkenswerte Geschichten geschrieben. Es sind kunstvoll gestaltete Texte, die von Reichtum, von unerfüllter Sehnsucht, Eitelkeit, Einsamkeit, von Entwicklungen von Hässlichkeit zu Schönheit erzählen. Geschichten, die die Kinder an das Erwachsenwerden heranführen.

Geschichten, wie Andersen meinte, die so geschrieben sind, als wenn sie einem Kind erzählt werden. Seine Märchen *Die kleine Meerjungfrau* oder *Die Schneekönigin*, die beide die Walt-Disney-Kompanie zu computeranimierten Trickfilmen verarbeitet hat, sind bei den Enkelkindern sehr beliebt. Die Geschichte und die Figuren haben nur noch ansatzweise was mit den Märchen von Andersen zu tun. So tauchen bei dem Märchen von der Schneekönigin jetzt Olaf auf, der dusselige Schneemann, Sven, das Rentier, Kristoff, der Freund von Prinzessin Anna, die die Schwester von der Schneekönigin Elsa ist, und dann gibt es da noch den Marshmallow. Er ist ein Schneemannmonster, das Elsa zum Leben erwecken kann. Es sieht fürchterlich aus und verhält sich auch so. Da kriegen die Enkelkinder richtig Angst, was sie genussvoll ausleben.

Bei Disney steht hinter so einem Film eine ganze Industrie. Die Figuren und die Kostümkleider für die Figuren kann man natürlich kaufen, Zepter, Krone, Handschuhe mit Ornamenten, weiterhin Taschen, Rucksäcke, T-Shirts, Hosen oder Jacken mit den aufgedruckten Figuren.

Von Cornflakes-Schachteln glotzen Sven, das Rentier, Olaf, der Schneemann, oder auch Elsa und Anna herunter. Sie sind in der Kinderwelt zurzeit allgegenwärtig. So sind sie auch Jonna, Jente und Juli nicht verborgen geblieben.

Juli will unbedingt die Puppen haben, und, wenn es geht, auch Kristoff. Die Figuren haben Riesenglotzaugen, kleine Nasen und kleine Münder. Ihre Haare sind lang, die man zu Zöpfen flechten kann. Elsa, die Eiskönigin, hat Haare wie aus Eis und hochhackige Eisschuhe, die sie immer verliert. Anna, die Prinzessin, hat rote Haare mit einer weißen Strähne und schwarze Stiefel. Elsa kann mit ihrem Zepter und ihren bloßen Händen alles in Eis verwandeln. Deshalb muss sie auch immer Handschuhe tragen.

Juli hat nun die Puppen bekommen, weil sie dem Arzt bei der Untersuchung alles erzählt hat, was er wissen wollte.

»Was wollte er denn wissen?«

»Wie weit ich zählen kann und so. Und was das für eine Farbe ist und was oben und was unten ist.«

Beim ersten Besuch hatte sie sich beim Arzt total verweigert. Warum sollte sie auch einem wildfremden Menschen in weißem Kittel etwas erzählen. Da muss er schon ein bisschen mehr vertrauenerweckende Maßnahmen ergreifen, bevor sie etwas sagt. Das war der Mutter unangenehm.

»Guck mal, so konnte der Arzt doch gar nicht feststellen, was du schon kannst. Das nächste Mal musst du aber auf die Fragen vom Arzt antworten.«

»Bekomm ich dann eine Belohnung?«

»Ja, was möchtest du denn haben?«

»Elsa und Anna!«

Nachdem sie nun dem Arzt beim nächsten Besuch alles erzählt hat, was er wissen wollte, fragt sie noch beim Rausgehen aus der Arztpraxis: »Wann krieg ich Elsa und Anna?«

Auch für das Faschingsfest im Kindergarten will Juli als Eisprinzessin gehen. Deshalb drängelt sie so lange, bis sie sich das Kleid von Marla, ihrer Kindergartenfreundin, ausleihen darf. Selig zieht sie es an, auch die langen Handschuhe. Und so dreht sie sich vor dem Spiegel hin und her. Die Haare sind wie bei Elsa geflochten.

»Toll!«, sagt sie.

Dann holt sie das Zepter, hält es in Opas Richtung und sagt: »Schhhhhh!« Opa erstarrt zu Eis und bewegt sich erst wieder, als sie ihn durch ein weiteres »Schhhhh!« entzaubert.

Und was sagt uns das?

☞ *Belohnen ist besser als bestrafen.*

20

Wie man nachmittags unterhalten werden kann

»Opa, komm, ich führ was vor!« Jente kramt aus einer Ecke eine Gitarre mit Verstärker heraus, baut sich ihr Mikrofon auf. Leider passt der Mikrofonhalter nicht zum Mikrofon. Es fällt herunter. Sie fängt trotzdem an zu singen:

»Was mach ich hier? Was spiel ich jetzt?«, offenbar eine Eigenkomposition mit eigenem Text. Dabei lässt sie ihre Finger über die Saiten der Gitarre gleiten, unterbricht und holt sich einen Lippenstift, den sie auf dem Fensterbrett entdeckt hat.

»Was soll das denn, Jente? Ich denke, du machst jetzt Musik?«, fragt Opa.

»Oh Mann, Opa, ich bin eine Frau. Das braucht nun mal eine Frau – Lipgloss!«

Sie verschwindet auf die Toilette und kommt ein paar Minuten später mit verschmierten Lippen wieder.

»Und? Was ist jetzt mit deiner Musik?«

»Nix. Ich hab keine Lust mehr!«

»Und? Bleibt das jetzt alles so liegen?«

»Ja!«

Opa hat jetzt nicht den Nerv, erzieherisch einzugreifen.

»Opa, komm, Kasperle! Bau ma das Kasperle-Theater auf.«

Opa tut wie befohlen.

»So, und jetzt noch die Stühle davor.«

Jente verschwindet hinter dem Kasperle-Theater. Die Glocke als Hinweis für den Beginn des Stückes wird ausgiebig eingesetzt. Der Vorhang öffnet sich langsam und schwerfällig. Zu sehen ist nichts.

Dann taucht Gretl auf, nur der Kopf. Ihre Kleidung ist abhandengekommen durch die besonders extremen, körperlich anstrengenden Theaterspiele zuvor. Der Kopf fällt vom Finger nach vorne aus dem Theater auf den Boden. Nun erscheint die Schnecke »Schnecki« auf der Bühne. »Schnecki« sagt nichts, gibt aber Geräusche von sich. Danach verlässt sie die Theaterszene wieder. Das Stück ist beendet, der Vorhang wird wieder vorgezogen.

»Opa, komm, malen!«

Und was sagt uns das?

☞ *Kinder lieben die Abwechslung.*

Wie man sich beim Betrachten einer toten Möwe Zeit lassen sollte

Vom koreanischen Restaurant aus hat man einen schönen Blick auf den See. Der zeigt sich immer anders, mal ist er ölig blank, dann wieder stürmisch aufgewühlt, hellblau bis schwarz oder auch durch Entenflott hellgrün. Aber das wäre nicht der einzige Grund, dort hinzugehen. Man kann hier auch gut essen. Wobei Opa das gar nicht will. Er hat sich Essen-to-go bestellt – er will erst zu Hause essen, das heißt, bei seiner Tochter Lilly. Bereits eine halbe Stunde vorher hat er bestellt.

Es ist 12.30 Uhr. Zeit, Juli aus dem Kindergarten abzuholen. Im Kindergarten stürmt Juli fröhlich auf die Großeltern zu. Die stehen bereits erwartungsfroh in der Tür. Danach geht es zum Auto. Der Weg dorthin wird zum Spiel umfunktioniert.

»Wer ist als Erster an der Kindergartenpforte?

»Wer ist als Erster im Auto angeschnallt?«

»Gewonnen! Sieger!«

»Und wie war es heute im Kindergarten?«

»Guhut!«

»Was habt ihr so gemacht?«

»Gespielt. Und dann hab ich von meinen Ohrenschmerzen erzählt, und Marli hat darüber gelacht. Und da war ich richtig böse. Das ist nicht lustig, du bist blöd, hab ich gesagt. Das ist nicht lustig!«

»Und was gab es zu essen?«

»Kartoffeln mit roter Soße und Fleisch.«

Nach so einem anstrengenden Gespräch kann es sein, dass sie ganz schnell in ihrem Autositz in den Schlaf fällt, dann aber doch wieder wach wird, weil Opa jetzt beim koreanischen Lokal noch einmal halten muss, um das bestellte Essen abzuholen, Schweinefleisch süß-sauer und knusprig gebratene Entenbrust auf chinesischem Gemüse. Wieder am Auto, stellt er fest, dass das Auto leer ist. Oma und Juli sind in der Wartezeit ausgestiegen und auf einem schmalen Gehweg zum Ufer des Sees gegangen. Opa geht hinterher.

»Oma, ich will Steine werfen!«

Das Steinewerfen ist für sie aber nicht so erfolgreich, wie sie es sich gedacht hat. Ihre Steine landen nicht im Wasser, sondern kullern nur bis zum Seeufer und bleiben dort liegen.

»Opa, du!«

Opa kann auch nicht besonders gut werfen, aber bis in den See schafft er es doch. Der Stein bildet beim Aufschlag Wasserringe, die langsam immer größer werden, bis sie am Ufer auslaufen. Ein flacher Stein, vom Wasser zu einer kleinen Scheibe geformt, findet Opas Interesse. Der müsste sich doch wunderbar zum Ditschen eignen, zum Übers-Wasser-Springen, so oft wie möglich, bevor er dann versinkt. Und Opa weiß schon, wenn er das jetzt nicht vergeigt, er den Stein mit dem richtigen Schwung wirft und er im richtigen Winkel zur Wasseroberfläche aufspringt, dann würde er mindestens zehn Mal aufditschen.

»Juli, guck mal, was Opa kann!«

Opa wirft den Stein, aber er springt nur dreimal über das Wasser, dann ist er auch schon verschwunden.

»Noch mal, Opa!«

Plötzlich wird die Aufmerksamkeit auf ein anderes Objekt gelenkt. Zwischen den Steinen, kurz vor dem Wasser, liegt eine tote Möwe. Der Wind verfängt sich in ihrem blaugrauen Federkleid, der Kopf wird auch leicht bewegt, die Augen sind starr aufgerissen, der große gelbe Schnabel mit dem roten Punkt an der Schnabelspitze schlägt ganz leise gegen einen Fels.

»Schläft sie?«, fragt Juli.

»Nein, sie ist tot.«

»Ist sie dann im Himmel?«

»Ja!«

Und was sagt uns das?

☞ *Manchmal sorgt eine tote Möwe dafür, dass koreanisches Essen kalt wird.*

22

Wie man am Kinderfasching teilhaben kann

Das Telefon klingelt. Oma geht an den Apparat. Juli ist dran.

»Oma, weißt du, was ich gekriegt habe?«

»Nee, erzähl mal!«

»Das Eisköniginkleid von Elsa.«

»Oh, das ist ja großartig. Wie schööön!«

»Und die Schuhe sind schon bestellt.«

»Was, Eisschuhe kriegst du auch noch? Klasse!!!«

»Und den Eisköniginumhang hab ich auch gekriegt. Das ist gleich ans Kleid angenäht.«

»Oh, sag einmal!«

»Aber das Kleid ist ein bisschen zu eng.«

»Oh! Schade. Gebt ihr das denn jetzt wieder zurück?«

»Nee, das geht so.«

»Soll ich dir mal Opa geben? Der freut sich auch ganz bestimmt und will mit dir sprechen.«

»Ja!«

»Opa, weißt du, was ich gekriegt habe?«

»Nee, erzähl mal!«

»Das Eisköniginkleid von Elsa.«

»Oh, das ist ja großartig. Wie schööön!«

»Und die Schuhe sind schon bestellt.«

»Was, Eisschuhe kriegst du auch noch? Klasse!!!«

»Und den Eisköniginumhang hab ich auch gekriegt. Das ist gleich ans Kleid angenäht.«

»Oh, sag einmal!«

»Aber das Kleid ist ein bisschen zu eng.«

»Oh! Schade. Gebt ihr das denn jetzt wieder zurück?«

»Nee, das geht so.«

»Und, Juli, erzähl mal, für was brauchst du das Kleid denn?«

»Fürn Fasching!«

»Fasching? Was ist das denn?«

»Opa, fürn FASCHING!!!«

»Du könntest doch aber auch als Marshmallow zum Fasching gehen.«

»Nein, das geht nicht. Ich bin doch kein Junge!«

»Ach, man muss Junge sein, wenn man als Marshmallow zum Fasching will!«

»Ja, Opa, so ist das!« Der informierte Leser weiß natürlich, dass damit das Schneemonster von Elsa und Anna gemeint ist.

Nach dem Fasching ruft sie an:

»Opa, ich bin traurig. Mein Kleid ist geplatzt!«

Und was sagt uns das?

☞ *Ein Kleid mit Elasthananteil kann gelegentlich von Nutzen sein.*

23

Wie man mit Naevus Giganteus umzugehen lernt

Enkelkind Jonna ist mit riesigen Muttermalen geboren worden. Die ziehen sich fast über den gesamten Rücken, über die Beine, die Arme, das Gesicht. Sie sind gutartig, bilden aber in erster Linie ein ästhetisches Problem. Und da sie so auffällig groß sind, finden sich überall, wo man das zu Gesicht bekommt – am Strand oder im Schwimmbad – immer viele Leute, die irritiert unauffällig auffällig gucken. Das Tuscheln beginnt. Wer will es ihnen verdenken. Es steht die Frage im Raum: »Was ist das denn? Das arme Kind. Und ist das ansteckend?«

Am liebsten möchte Opa jetzt ein Megafon in die Hand nehmen und mitteilen: »Achtung! Achtung! Liebe Besucher des Ostseestrandes. Hier spricht der Großvater von Jonna. Mein Enkelkind hat eine sehr auffällige große Hautfärbung. Naevus Giganteus, wie die Mediziner sagen, Riesenpigmentstörungen, gutartige Melanozythen, die sich glücklicherweise nur sehr selten in Krebszellen verwandeln. Die Farben changieren von Hellgelb bis ins Dunkelbraun. Solche Melanozythen kommen höchst selten vor. Eine Laune der Natur. Auf eine Million Geburten passiert so etwas einmal. Sie müssen jetzt aber keine Angst haben, noch müssen Sie den Strand, das Ostseewasser verlassen oder die Nähe zu uns meiden. Es ist nicht ansteckend. Ich danke Ihnen für Ihre Aufmerksamkeit und wünsche einen angenehmen Aufenthalt am Strand.«

Jonnas Lebensweg ist natürlich durch dieses Schicksal geprägt. Durch »Exzision«, also durch Entfernen von Gewebe vom Körper, musste sie bis jetzt drei große Operationen über sich ergehen lassen. Beim ersten Besuch im Krankenhaus, wo die Operation besprochen werden sollte, rief der Facharzt seine Kollegen zusammen. So was hatten sie in dieser Form noch nie gesehen.

Es wurden ihr dann am Gesicht, an den Armen und an den Beinen die Hautanomalien entfernt. Das war mit sehr großen körperlichen und seelischen Schmerzen verbunden – nicht nur für Jonna – auch für alle ihr nahestehenden Personen.

Jetzt, einige Jahre nach den Operationen, sind die Wunden verheilt. Nur die Narben erzählen noch von dieser Geschichte. Manchmal läuft im Radio ein Lied von Sarah Connor, *Wie schön du bist!*[*]

»Lass dir nichts sagen.
Weißt du denn gar nicht,
wie schön du bist.«

Das große Muttermal auf dem Rücken wird bleiben. Das kann man nicht operieren. Und das ist auch gut so. Denn, Jonna, das ist jetzt ganz persönlich an dich gerichtet. Vielleicht wirst du in einigen Jahren dieses Buch in die Hand nehmen und es lesen. Ich bin mir sicher, dann weißt du, wie schön du bist.

Lass dir also nichts sagen, denn das alles gehört zu dir wie die Nase im Gesicht, gehört zu deinem Leben.

Und was sagt uns das?

☞ *Das Glück sitzt nicht immer in der ersten Reihe. Es reicht, wenn es in der zweiten ist.*

24

Wie man durch das Fotografieren der Enkel neue Sichtweisen erlangt

Fotos mit dem Handy machen kann sehr wichtig sein, weil dadurch Skizzen vom Tag entstehen – Bilder vom Alltag für den Alltag. Diese Aktivität bezeichnet Opa mit »knipsen«.

Opa dagegen knipst nicht, er fotografiert! Sein fotografischer Blick auf die Dinge hat sich im Laufe der Zeit gewandelt, denn ein über 70-Jähriger guckt anders. Er kann zurückblicken auf sein Leben, weiß, worauf es ankommt, auch beim Fotografieren. Aber was soll er noch fotografieren? Es ist doch schon alles fotografiert. Alles? Nein, natürlich nicht. Was ist denn mit den Enkelkindern?

Er hat eine Kamera, mit der man alles machen kann. Sie hat einen 24-fach optischen Zoom, einen MOS-Sensor, 20,1 Megapixel, ein 7,5-cm-LCD-Display, eine Gegenlichtblende, eine optische Bildstabilisierung und ein schwarzes Gehäuse. Er kann auch Videoaufnahmen damit machen. Mit so einer Kamera will er das Fotografieren zu einem bewussten künstlerischen Akt machen, ein Beispiel setzen für seine Umwelt.

So stürzt sich Opa auf seine Enkelkinder, will sie ins rechte Licht stellen, vor dem richtigen Hintergrund ablichten. Er hat den Ehrgeiz, dass seine Bilder fotografische Bilder werden, sich abheben von Allerweltsfotos, die nur banales Zeugs sind, etwas, was nicht über den Tag dauert. Bilder für die Ewigkeit will er machen, Bilder, auf die man auch als Außenstehender nach Jahren noch länger als eine Sekunde guckt. Jahrhundertbilder, die qualitativ in eine Reihe zu stellen sind mit den großen Fotografen der Welt. Wenn er es für sinnvoll erachtet, verzichtet er auf Farbe, bedient sich des »schwarz-weißen« Bildes. Bilder, die sich dadurch auf die wesentliche Essenz des Lebens reduzieren und damit eine farbigere Aussage bekommen. Er möchte das Unsichtbare eines Menschen sichtbar machen.

Ja – so will er seine Enkelkinder fotografieren.

Aber da hat der Herr Künstler die Rechnung ohne seine Enkelkinder gemacht. Mit ihnen ist das arrangierte Bild nicht möglich. Wenn er hier was beschicken will, kann er nur mit Schnappschüssen zum Ziel kommen. So versucht er es. Das Ergebnis ist eher frustrierend. Entweder ist das Licht zu schlecht, dann entstehen schwammig graue, verwackelte Bilder, die man sofort wieder löschen kann, oder er schaltet den Blitz dazu, was dann wieder dazu führt, dass die Atmosphäre der Situation verloren geht.

»Opa, lass mich mal!«

Und in der Tat, wenn ein Kind auf den Auslöser drückt, entstehen Bilder von eigenem Charme. Der Teddy wird fotografiert, das Keyboard, die Krümel auf dem Tisch, die Hundeschnauze von Emma, der Inhalt des Abfalleimers, die Nase und die Haare von Jonna, Jente und Juli oder Bilder, wo sie mit dem Ausmalen der Schneekönigin in einem Bilderbuch beschäftigt sind. Bilder von eigenartigem Reiz. So was kann Opa nicht. Sein Blick ist verstellt durch ein 70 Jahre altes Leben.

Aber er kann ja von seinen Enkeln lernen, es ist ja noch nicht zu spät.

Und was sagt uns das?

☞ *Durch den Blick der Enkelkinder erweitert sich die optische Wahrnehmung des Fotografen.*

Wie man ein Fotogeschichtenbuch gestalten kann

Die Großeltern wollen ihren Enkelkindern zu Weihnachten etwas Besonderes schenken. Ja, was könnte das sein? Was denn nun? Na?

Schicke Reitstiefel? Kauft Mama sowieso.

Selbstgestrickte Socken? Wird sie kaum erfreuen.

Neue Legosteine? Haben sie in Massen.

Barbiehaus? Diese Geschmacklosigkeit muss man nicht noch weiter unterstützen.

Skateboard? Findet Oma zu gefährlich.

???

Nein!

Was ist denn mit einem Fotogeschichtenbuch?

Heutzutage gibt es viele Anbieter, die einem die Gestaltung eines Fotobuches leicht machen. Dazu muss man die Software auf seinen Computer laden. Die ungezählten Fotos, die man von seinen Enkelkindern auf seinem PC hat, kann man dann ohne Schwierigkeiten in das Softwareprogramm des Anbieters eingeben. Opa hat im letzten Jahr nun wirklich jede Bewegung, jedes Lächeln, jedes Weinen seiner Enkelkinder mit der Kamera festgehalten. Bloß, wie macht man das, und was sollte man bei der Gestaltung eines solchen Buches bedenken? Es soll nicht eine bloße Aneinanderreihung mit Fotos und entsprechenden Untertiteln werden, wie: »Das sind Jonna, Jente und Juli am Strand in Dänemark.«

Zu überlegen ist, wie man eine passende, kindgerechte Geschichte zu den Bildern baut. Der Text wird sinnvoll, wenn es etwas gibt, was sich nicht aus den Bildern erschließt. So könnte man zum Beispiel ein Lieblingsplüschtier eines Enkelkindes zum Thema machen: »Wo ist Falko?« Nun gibt es eine Vielzahl von Möglichkeiten, daraus eine Geschichte zu erzählen. Am Ende wird Falko natürlich gefunden.

Wenn man sich für ein Schriftbild entschieden hat, sollte es für das ganze Buch gelten und sich nicht ständig verändern. Am lesefreundlichsten ist Schwarz auf weißem Untergrund. Benutzt man Buchstaben mit Serifen, kleine Linien, die die Buchstaben verschnörkeln, hat das eine Aussage. Sie deuten etwas Verspieltes, Privates an. Buchstaben ohne Verzierung geben dem Textbild einen klaren, modernen Anstrich. Auch die Größe der Buchstaben ist genau zu überlegen, zu klein stellt den Betrachter vor Probleme, zu groß drängt sich zu stark in den Vordergrund. Für was man sich entscheidet, ist am Ende persönlicher Geschmack.

Bei der Auswahl der Bilder auf die Qualität achten, sei es die Auflösung oder die Gestaltung des Bildes. Wenn man sehr viele Bilder zur Verfügung hat, ist es anzuraten, vorher eine kritische Auswahl zu treffen, weniger ist mehr. Das Auge des Betrachters wird es dem Macher des Buches danken, wenn freie Flächen eingebaut sind. Bilder kommen besser zur Wirkung, wenn man sie gegen Freiflächen stellt. Von schräg gestellten, übereinandergestapelten Bildern ist abzuraten. Das wirkt gewollt.

Also, das Buch nicht überladen, sich fragen, warum man unbedingt dieses Bild, diesen Text nehmen will. Gut beraten ist man auch, wenn das Buch strukturiert ist.

Und wenn man endlich das Buch fertig hat, sollte es unbedingt Korrektur gelesen werden. Ein nicht sauber eingesetztes Bild, ein Rechtschreibfehler, ein vergessenes Wort kann den Eindruck vermitteln, dass man das Buch ohne großen Aufwand und lieblos gestaltet hat. Das ist ärgerlich und schwächt den Gesamteindruck des Buches.

Und was sagt uns das?

☞ *Schade, dass Oma und Opa nicht miterleben können, wenn sich die Enkelkinder in 50 Jahren ihr Fotobuch anschauen.*

Wie die Enkelkinder ins Philosophieren kommen

Jonna sagt: »Jetzt hab ich's! Der Weihnachtsmann hat gar keine Helfer. Das sind die Erwachsenen. Dann sind die Erwachsenen die Wichtel. Das muss gefeiert werden!« Sie setzt sich eine Sonnenbrille auf und rockt zu der Musik im Radio.

Jonna: »Ist der Nikolaus schüchtern? Den hab ich ja noch nie gesehen!«
Opa: »Ja, bestimmt. Der kommt erst, wenn alle schlafen.«
Jonna: »Und warum ist der Weihnachtsmann nicht schüchtern?«

Jonna: »Hat der Weihnachtsmann eine Frau?«
Opa: »Ich denke schon.«
Jonna: »Das wäre auch komisch wenn nicht.«

Bei der Nachbarin musste ein Pony eingeschläfert werden. Der Kadaver liegt notdürftig mit einer Plane zugedeckt am Straßenrand. Beim Anblick des Kadavers sagt Jonna: »Alle müssen sterben, das ist traurig!« Und nach einem kurzem Moment des Nachdenkens sagt sie: »Nur der Weihnachtsmann nicht. Der lebt immer!«

Es wird über den Tod gesprochen und dass alle Menschen einmal sterben müssen. Etwas später sagt Jente:
»Habt ihr mich reingelegt? Müssen wir wirklich sterben?«
»Ja, Jente. Aber das dauert noch ganz lange bis du stirbst.«
Tage später kommt Jente mit gefalteten Händen zur Mutter:
»Mama, ich will nicht sterben. Bitte, bitte nicht.«
»Jente, das dauert noch ganz, ganz lange. Du hast noch dein ganzes Leben vor dir. Und dann, am Ende deines Lebens, dann stirbst du.«

»Noch vor meinem Geburtstag?«

»Nee, Jente, du hast doch nächste Woche Geburtstag.«

»Was ist unter der Erde, und wer hat das gemacht? – Ich weiß schon, der liebe Gott! Aber wo kommt der her? Also, ich versteh das alles nicht.«

»Mama, ich bin traurig. Immer nur essen, schlafen, spielen und mal wegfahren und – und soll das alles sein?«

Jente ist beim Arzt gewesen. Sie hat einen Magen-Darm-Virus. Der Arzt sagt, dass Jente viel trinken muss. Da Jente aber eigentlich kaum was isst, hat die Mutter gesagt, dass Jente lieber essen als trinken sollte. Als sie zu Hause ankommen, sagt Jonna:

»Mama, du musst auch mal auf den Arzt hören.«

»Wie meinst du das?«

»Jente soll mehr trinken.«

»Ja, Jonna, aber bei Jente ist das Essen auch sehr wichtig.«

»Na ja, Leben ist Leben, Mama.«

Und was sagt uns das?

☞ *Es ist nie zu früh, sich über das Leben Gedanken zu machen.*

27

Wie man mit Handys umgehen kann

Was kann man mit einem Handy nicht alles anstellen? Man kann telefonieren, Fotos machen, Nachrichten und Bilder in die Welt versenden, selber Nachrichten und Bilder empfangen, Spiele spielen. Wunderbar, ein Segen für die Gesellschaft! Alle sind immer überall zu erreichen. In Sekundenschnelle verbreiten sich Nachrichten. Der

Atem der Welt ist zu spüren, und man ist ein Teil von ihr. Vorbei die Zeit der Ahnungslosigkeit.

Aber wie jede Erfindung lässt sie sich auch ins Gegenteil verkehren. Das Positive kippt ins Negative. Die Menschheit wird zu Abhängigen eines weltweiten Verbundes, unfähig, sich daraus zu lösen? Der Manipulation der dunklen Mächte ausgeliefert?

Und was ist mit den Enkelkindern? Sie davon fernhalten? Wie soll das gehen? Eine Illusion! Also, wenn man den Kontakt zum Handy nicht verhindern kann, was ist dann vertretbar, was schädlich?

Gerade eben erst durch die Haustür gekommen, ruft Juli: »Oma, Handy kucken!«

Wenn Oma sich darauf einlässt, will sie Videos sehen, Videos über sich. Sie weiß, dass Oma auf ihrem Smartphone viele Sequenzen hat, auf denen die Enkelkinder in Aktion sind: Jonna beim Tanzen, Jonna beim Turnen, Jente beim Ponyreiten, Jente beim Quatschmachen, Juli in der Sandkiste, Juli im Eisköniginnenkleid, Juli als Pippi Langstrumpf, Juli spielend mit Jente und Jonna. Jente und Juli auf dem Spielplatz und im Tierpark und so weiter. Und wenn alles durchgesehen ist: »Oma, noch mal!« Schon als Zweijährige konnte man sie mit Fotos auf dem Smartphone vor dem Einschlafen im Auto bewahren.

Ist sie Handy-süchtig?

Oma und Opa glauben das nicht, denn es überwiegen eindeutig die anderen Aktivitäten: mit den Puppen spielen, verkleiden, malen, zeichnen, Häuser bauen, Falko verhauen, mit ihrem Bobbycar fahren, Fahrrad fahren, ihr Holzpferd reiten, mit Oma und Opa Playmobil und Verstecken spielen, Bücher anschauen, Kinderlieder hören und mitsingen und tanzen, in der Sandkiste spielen, schaukeln und rutschen.

Eltern und Großeltern sollten ihren eigenen Umgang mit dem Handy kontrolliert einsetzen. Liegt das Handy selbst beim Essen neben dem Teller und wird das Essen bei jedem Piep unterbrochen, um eingehende Nachrichten zu lesen, hat das Auswirkungen auf die Kinder.

Es ist doch wie immer. Das Vorleben der Erwachsenen ist entscheidend. Man weiß ja, man kann die Enkelkinder nur bedingt erziehen. In erster Linie machen sie einem doch alles nach.

Und was sagt uns das?

☞ *Es ist wie mit allen Dingen: Die Mischung macht's. Erst das Übermaß ist schädlich.*

28

Wie man unter die Wölfe geraten kann

Opa steht mit Juli auf dem Arm am Fenster. Der Regen prasselt gegen die Scheiben. Rinnsale laufen am Fenster herab. Opa will ihr die Schönheit eines Regenschauers zeigen.

»Juli, schau mal, wie der Regen das Fenster runterläuft. Das gibt richtige Wasserstraßen.«

Opa zeichnet mit seinem Finger die Bahnen auf der Scheibe nach.

»Opa, mach mal wie ein Wolf.«

»Wie? Wie ein Wolf?«

»Wie ein Woholf!«

»Waaaaauahhh!«

»Opa, du bellst ja wie ein Hund. Ein Wolf heult doch!«

»Und wie geht das?«

»Aaaarrrrrooooooooooooooooooooohaaaaaaaaaaaauuuuuuu!«

Dabei legt sie ihren Kopf in den Nacken und lässt dann noch mal ein weiteres kräftiges »Aaaarrrrrooooooooooooooooooooohaaaaaaaaaaaauuuuuuu!« folgen. »Opa, so musst du das machen!«

»Woher weißt du das denn? Hast du schon mal einen Wolf gesehen und gehört?«

»Ja, bei Yakari und bei der Eiskönigin. Da haben sie ihre Zähne gezeigt und so gekuckt.«

Sie senkt dabei ihren Kopf, zieht die Stirn kraus und guckt mit zusammengezogenen Augenlidern unter ihren Augenbrauen hervor.

»Die waren ganz böse.«

»Oh, Juli, nicht so gucken. Da krieg ich ja Angst.«

»Opa, es gibt auch ängstliche Wölfe.«

»Opa, Arm! Da hinten sind Wölfe!«

»Wo? Ich sehe keine!«

»Doch, da bei den Bäumen.«

»Also, ich kann beim besten Willen nichts sehen. Nur Regen. Schau mal, wie es schüttet.«

»Opa, jetzt sind sie schon auf dem Gras und fressen.«

»Oh ja, jetzt sehe ich sie auch. Was machen wir denn jetzt?«

»Ich glaub, das sind ängstliche Wölfe. Sie haben uns gesehen, sie ergreifen die Flucht!«

Und was sagt uns das?

☞ *Opas Interessen decken sich nicht unbedingt mit denen der Enkel.*

29

Wie man auch spazieren gehen kann

Das Wetter ist gut. Jetzt im Frühjahr muss man auch mal wieder raus, an die frische Luft.

»Juli, komm, wir gehen spazieren, in die Stadt. Da essen wir ein Eis.«

So ganz überzeugt ist sie aber nicht.

»Oder wir gehen Enten füttern.«

»Ich will mein Laufrad.«

Anziehen, Straßenschuhe an, Jacke über, Schal um, Mütze auf.

»Opa lass das. Das kann ich selber!«

Die Eiskönigin und Anna müssen mit und Brot für die Enten. Die Kinderkarre natürlich auch, denn man weiß nie, wie lange die Energie anhält.

So zieht man dann nach einiger Zeit in Richtung Stadt. Bis zum Zentrum ist es nicht weit, höchstens einen Kilometer. Für so eine Strecke braucht man normalerweise fünf Minuten. Mit Juli wird das eine andere Veranstaltung. Auf dem Weg kommt man an einem Spielplatz vorbei. Schaukel, Sandkiste, Balancierstange, Wippe, Rutsche, Klettergerüst, alles muss ausprobiert werden, mehrfach.

Dann geht es weiter. Nun ist Juli ihres Laufrades überdrüssig. Opa darf es nun tragen. Eine Schnecke kreuzt den Weg. Sie hinterlässt eine Schleimspur auf dem Asphalt. Als Juli sie leicht berührt, zieht sie ihre Fühler ein und sich dann ganz ins Schneckenhaus zurück. Rot-schwarz gemusterte Feuerwanzen finden jetzt ihre Aufmerksamkeit. Von oben erinnert die grafische Färbung der Insekten an eine holzgeschnitzte afrikanische Skulptur.

»Oh, kuck mal, die Schmetterlinge! Die kleben zusammen. Kann man die anfassen? Tun die was?«

»Nein, die machen nichts.«

»Die nehm ich mit. Die muss ich Papa zeigen.« Bevor Opa eingreifen kann, hat sie sie an den Flügeln gepackt und strahlt Opa an.

Eine kleine Brücke überquert einen Bach. Das Wasser rauscht im schnellen Tempo darunter durch, auf dem Enten versuchen, sich gegen die Strömung zu behaupten. Die Schwimmhäute zwischen den Zehen unterstützen ihre Schwimmbewegungen. Beim Ziehen der Ruderfüße nach vorn verkleinern sich die Zehen und bilden kaum noch Widerstand beim Schwimmen. Das Wasser perlt von ihren Federn. Lange grüne Wassergräser werden von der Strömung hin und her bewegt. Eine der Enten fliegt schnatternd auf, kommt aber gleich wieder zurück, als sie bemerkt, dass Juli nun Brotkrumen ins Wasser wirft.

Zu einer besonders gierigen Ente sagt sie: »Geh weg. Du hast schon genug. Die anderen sollen auch was abkriegen!«

Nun möchte sie auf den Arm. Sie wird müde und nörgelig.

»Juli, du bist zu schwer für mich. Ich kann dich nicht immer tragen.«

»Opa, ich hab dich nicht lieb!«

»Aber ich hab dich sehr, sehr lieb. Du bist mir mit das Wichtigste auf der Erde.«

Sie verzieht das Gesicht, beißt die Zähne zusammen und macht: »Grrrrrrrrrrr!«

Sie lässt sich widerwillig in die Karre legen und schläft nach kurzer Zeit ein. Das Zentrum der Stadt ist erreicht, nach 50 Minuten.

Das Eis müssen die Großeltern nun allein essen.

Und was sagt uns das?

☞ *Der Weg ist das Ziel.*

Wie man am Sonntag dazu kommt, Brötchen zu holen

Die Großeltern sind mal wieder über Nacht zu Gast bei Juli. Es ist Sonntagmorgen. Um sieben Uhr steht sie unerbittlich vor dem Bett und singt: »Bruder Jakob, Bruder Jakob! Schläfst du noch, schläfst du noch? Hörst du nicht die Glocken: Bimm, bamm bomm. BIMM; BAMM; **BOMM!**«

»Opa, aufstehen! Ich will mit dir Brötchen holen.«

So bleibt Opa nichts anderes übrig, als sich eilig anzuziehen.

»Was soll ich mitbringen? Zehn Ofenfrische?«, fragt er seine Frau.

»Ja! Aber auch Körnerbrötchen dabei!«

»Und für Papa ein Käsecroissant!«, sagt Juli. Das weiß sie, weil das jeden Sonntag so ist.

Da es draußen mal wieder nasskalt ist, muss man sich entsprechend anziehen.

»Juli, die Regenjacke noch!«

»Opa, das kann ich allein!«

Danach versucht sie nun den rechten Gummistiefel über den linken Fuß zu ziehen.

»Juli, so wird das nichts. Du musst den anderen Stiefel nehmen. Soll ich nicht doch mal helfen?«

»Opa, lass mich. Das hab ich dir eben schon gesagt. Das kann ich allein.«

Dann geht es mit dem Wagen endlich los zum Bäcker in der Stadt. Von ihrem Sitz aus beobachtet sie die Umwelt. Der Parkplatz vor Lidl ist leer.

»Der Supermarkt hat zu.«

»Na, die Leute, die dort arbeiten, müssen sich auch mal erholen. Die können nicht jeden Tag im Geschäft sein. Und heute ist ja Sonntag. Da arbeiten die Leute normalerweise nicht.«

Beim Bäcker wird die Bestellung aufgegeben und Juli gefragt, ob sie ein Kinderbrötchen will. Ja, das will sie und beißt gleich hinein. Wieder zu Hause angekommen, sagt sie: »Opa, kuck ma!«

Sie hält Opa ihren weit geöffneten Mund entgegen.

»Alles weg. Schon im Bauch.«

Und was sagt uns das?

☞ *Es sind die kleinen Dinge des Lebens, die einen glücklich machen.*

Wie Enkelkinder in der Lage sind,
zu erstaunlichen Erkenntnissen zu kommen

»Heute war Jente ganz frech zu mir. Sie hat mir die Zunge rausgestreckt.«

»Warum?«

»Sie wollte meine Nägel haben, die ich für meine Rassel brauche.«

»Ja, und?«

»Und dann hab ich gesagt: Dann musst du mich auch ganz freundlich fragen. Und dann hat sie mir die Zunge rausgestreckt.«

Eisregen ist gefallen. Marthe will zu den Ställen und die Pferde versorgen.

Kristof: »Es ist so glatt, dass die Pferde heute mal drinnen bleiben müssen. Ich habe keine Lust, dich heute noch ins Krankenhaus zu fahren.«

Marthe: »Die Pferde können nicht im Mist stehen bleiben, nur weil es draußen glatt ist.«

Kristof geht.

Jonna: »Mama, du musst auch mal auf Papa hören.«

Marthe: »Ja, Papa hat immer etwas Angst um uns, aber ich kann die Pferde doch nicht hungern und in ihrem Mist stehen lassen, nur weil es glatt ist.«

Jonna: »Da hast du recht, Mama. Da kannst du ja Papa mal so lange nichts zu essen geben, wie es glatt ist. Mal sehen, was er dann sagt.«

Kristof repariert ein Gerät.

»Boah, Papa is der Beste auf der Welt. Na ja, Papa is ja auch 'n Chef. Und Katharinas Papa is beim Zoll.«

Alle sitzen mittags entspannt zusammen beim Grillen. Große Runde – alle haben gearbeitet. Jente setzt sich neben Niklas, der auf dem Ponyhof arbeitet. Alle essen.

Jente singt: »NIKLAS hat ein' Penis.«

Alle lachen, Jente auch.

Jente sieht ein circa fünfjähriges Mädchen im Fernsehen, blonde Locken und sehr süß.

»Später, wenn ich mal eine Mama bin, will ich genauso ein Kind haben.«

»Jonna, kannst du mir heute beim Ponyunterricht helfen?«

»Warum? Du hast doch zwei gesunde Hände.«

Jonna entdeckt einen Pelikan im Bilderbuch.

»Mama, kuck ma, der hat wie Oma so einen Wabbelbart.«

Jente steigt durchfroren vom Pferd ab.

»Aua, Mama, ich hab da ganz doll Aua.«

»Wo denn?«

»Da am Daumenzeh.«

Auf dem Weg zum Kindergarten sagt Jonna die ganze Zeit:

»Ich kann es nicht fassen. Ich kann es nicht fassen. Ich kann es einfach nicht fassen.«

»Was denn, Jonna?«

»Dass das Baby jetzt aus dem Bauch raus ist.«

Vom Auto aus kann Jonna sehen, wie ein Dach von einem Gebäude abgerissen wird.

»Oh nein, da kann ich gar nicht hinsehen. Das ist ja schrecklich. Aber wir bleiben in unserem Haus wohnen, oder? Ich kann da gar nicht hinkucken. Warum machen die das?«

Marthe hat Jente auf dem Arm. Sie guckt von dort nach unten.

»Mama – du bist aber ein großes Mädchen!«

Und was sagt uns das?

☞ *Enkelkinder sind in der Lage, sich mit der Umwelt auseinander-*
zusetzen.

32

Wie die Schnullerfee
ins Haus kommt

Juli ist dreieinhalb Jahre alt. Der Zahnarzt meint, dass sie sich den Schnuller abgewöhnen sollte, sonst kann sich die jetzt schon erkennbare Verformung des Kiefers nicht mehr zurückbilden. So beschließt die Mama, dass es Zeit wird, die Schnullerfee ins Haus zu holen. Doch wie macht man das?

»Wenn du auf den Schnuller verzichtest, dann bringt dir die Schnullerfee ein Geschenk.«

»Ein Einhorn?«

»Ja, ein Einhorn!«

»Überlege es dir gut, denn danach gibt es kein Zurück mehr.«

Ja, sie will ab jetzt ohne Schnuller auskommen. Am Abend liest die Mama wie üblich eine Geschichte vor. Gerade als Pippi Langstrumpf auf ihrem Pferd »Kleiner Onkel« in die Stadt reiten will, verlangt Juli ihren Schnuller.

»Juli, du wolltest ohne Schnuller schlafen. Denk an die Schnullerfee!«

»Schnuller!«

Die Mama versucht es noch einmal, wird aber vom herzzerreißenden Weinen übertönt. Das Weinen schwillt an, kurz vor dem Atemstillstand steckt die Mama ihr den Schnuller in den

Mund. Am nächsten Morgen möchte Juli ihr Geschenk von der Schnullerfee haben.

»Nee, Juli, du hast gestern Abend den Schnuller benutzt. Dann kann dir heute die Schnullerfee auch kein Geschenk bringen.«

Es fließen Tränen, aber man kann den Eindruck haben, dass sie nun verstanden hat, was man von ihr will. Und so hält sie den ganzen Tag durch. Am Abend will sie im Elternbett schlafen.

»Juli, wenn du jetzt den Schnuller nimmst, dann kann morgen die Schnullerfee dir dein Geschenk wieder nicht bringen.«

»Ich weiß, das hast du mir schon mal gesagt!«

Man kann ihr anmerken, dass sie schwer mit sich ringt. Die Lippen machen Saugbewegungen. Mama liest und liest, bis Juli schließlich ohne Schnuller bis zum Morgen durchschläft.

Am nächsten Morgen: »Schnuller!«

»Du hast es doch gestern und die Nacht ohne Schnuller geschafft.«

Das überzeugt sie.

»Geschenk!«

Und so springt sie aus dem Bett, läuft runter und sucht nach dem Geschenk von der Schnullerfee. Mama gibt es ihr schließlich. Strahlende Augen. Sofort wird Oma angerufen:

»Oma, die Schnullerfee war da und hat alle Schnuller abgeholt. Und da hab ich von ihr ein Geschenk gekriegt.«

»Juli, das ist ja toll. Ich gratuliere! Was hat dir die Schnullerfee denn gebracht?«

»Ein Einhorn mit Sattel, kuck mal!«

»Juli, das kann ich am Telefon doch nicht sehen, ich schau es mir an, wenn wir dich wieder besuchen kommen.«

»Dann komm jetzt!«

»Du musst noch zweimal schlafen, dann kommen wir. Und weißt du was? Die Schnullerfee hat mir auch ein Geschenk gebracht, das bekommst du, wenn du die nächsten zwei Nächte wieder durchhältst.«

Nun muss man abwarten, ob sie die nächsten Tage und Nächte ohne Schnuller durchstehen kann. Und wenn sie das nicht schafft? Die Schnullerfee wird doch nicht so gemein sein, ihr das Geschenk wieder abzunehmen?

Oder?

Und was sagt uns das?

☞ *Äußere Anlässe können menschliches Verhalten beeinflussen.*

33

Wie man nach langer Zeit mal wieder ins Kasperletheater kommt

Heute ist im Ort Kasperletheater. So steht es auf dem Plakat am Straßenrand, am Mittwoch um 15.30 Uhr in der Schule. *Die Geschichte von dem Räuber, der nicht lernen möchte.* Da müssen Juli und die Großeltern hin.

Der Puppenspieler sitzt an der Kasse, verkauft Süßigkeiten, ist für den Ton zuständig und bedient auch die Puppen. Vor der Veranstaltung kommt der Kasper persönlich vor die Bühne. Er hat eine große Nase, eine blaue Zipfelmütze und ist größer als gedacht. Opa gibt ihm die Hand, Juli nicht. Ihre innere Anspannung ist nur daran zu erkennen, weil sich ihr feuchtes Händchen in Omas Hand verkrallt.

Auf der kleinen Bühne agieren nicht nur Kasper, auch Seppl, Gretl, die Oma vom Kasper, die Hexe Wackelzahn, das Krokodil Nimmersatt, der Räuber Raubaus und ein Auto, das fast den Räuber überfährt, der zu blöd ist, nach links und rechts zu schauen, und der von sich behauptet, dass er schon bis fünf zählen kann. Das schafft er dann doch nicht. So haben die jungen Zuschauer das Vergnügen, ihm zu beweisen, wie man richtig bis fünf zählt.

Und wenn das Krokodil sich von hinten an Kasper heranschleicht, führt das in den Zuschauerreihen zu Kreischattacken. Manchmal scheint dem Puppenspieler das junge Publikum aus dem Ruder zu laufen, so muss er beruhigend auf sie einwirken, was aber nur ansatzweise gelingt.

»Ihr müsst jetzt mal nicht immer in das Stück hineinschreien, sonst kann der Kasper sich ja gar nicht mit seiner Gretl unterhalten.«

Vor Juli sitzt ein kleiner Junge, der Gummibärchen isst.

»Die will ich auch haben!«

»Das geht jetzt nicht. Da musst du noch bis zur Pause warten.«

Der Höhepunkt ist dann die Entführung vom Seppl, für den der Räuber Kuchen von der Oma und eine Kiste Gold vom König haben will. Die Rechnung hat er allerdings ohne Kasper gemacht. So geht am Ende die Geschichte doch noch glücklich aus. Juli beobachtet alles und rührt sich nicht von Omas Schoß. Die in der Pause gekauften Gummibärchen sind am Ende der Vorstellung restlos gegessen.

Der Kasper kommt noch einmal vor die Bühne und wünscht allen einen schönen Heimweg. Diesmal traut sich Juli, ganz kurz die große Nase vom Kasper anzufassen.

Das erzählt sie stolz zu Hause ihrer Mutter.

»Aber das war gar nicht der richtige Kasper. Der richtige hat eine rote Zipfelmütze und keine blaue!«, sagt Juli.

Und was sagt uns das?

☞ *Auch simpel gestrickte Geschichten können die Gefühlswelt in Gang setzen.*

Wie einem das Zuwinken
wichtig werden kann

Die Großeltern sind wieder mal über Nacht bei Juli zu Gast. Wieder ist das Aufweckritual ein besonderes Ereignis. Heute ist Juli rücksichtsvoll. Sie klopft ganz leise an die Tür, bevor sie sie aufmacht. Dann erscheint sie. Süß – mit ihrem rosa Kleid und den Kitty-Figuren, den blauen Shorts, und der roten Strumpfhose mit weißen Herzchen drauf. Sie muss in den Kindergarten, und es wird höchste Zeit, denn es ist bereits halb neun.

»Oma, Opa, mitkommen!«

Oma und Opa springen auf, in das Badezimmer, Katzenwäsche, Zähneputzen, Unterhose, Unterhemd an. Diese Show schaut sich Juli ganz genau an.

»Opa, du bist schön!«

Das macht ihn sprachlos. Wann hat er das jemals in seinem Leben gehört? Noch nicht mal als junger Mann. Ein guter Einstieg in den Tag. Schnell in den Wagen.

»Wer ist schneller angeschnallt?«, fragt Juli.

»Fertig!«

Opa verliert wie immer. Vor dem Kindergarten soll es schnell gehen.

»Ich helfe dir beim Abschnallen!«

»Nein, das mach ich!«

Rein in den Kindergarten. Die Tür zum Gruppenraum ist bereits geschlossen. Schnell die Jacke aus, Schuhe aus, Schal ab, Hausschuh an. Tür auf und rein. Die Großeltern atmen durch, sie können beruhigt das Areal verlassen.

Beim Gang über den Hof hören sie vom Fenster ein Klopfen. Oma und Opa drehen sich um. Es ist Juli. Sie winkt fröhlich, erst mit einer, dann mit beiden Händen. Die Großeltern bleiben stehen und winken zurück. Winkend gehen sie weiter, bis sie hinter der nächsten Mauerecke verschwunden sind.

Winken – was für eine schöne Geste der Zusammengehörigkeit. Man fühlt sich aufgehoben und geliebt, vermittelt sich durch gegenseitiges Winken ein Gefühl von Vertrautheit. Das reicht meistens schon, um für einen Moment glücklich zu sein.

Der Abschied ist zu verkraften. Die Trennung ist ja nicht für die Ewigkeit. Nur noch viereinhalb Stunden, bis Juli wieder abgeholt werden darf.

Und was sagt uns das?

☞ *Die kleinen Gesten sind es, die den Menschen glücklich machen können.*

Wie man Rotschopfturakos begegnen kann

Was macht man, wenn man für das Programm der Enkelkinder verantwortlich ist? Man fährt in den Tierpark. Eintritt erschwinglich, Jonna und Jente, Oma und Opa, je fünf Euro.

Auf den Gedanken, in den Tierpark zu fahren, sind auch andere gekommen, denn es ist zum ersten Mal in diesem Jahr sonnig. So geht es an den Leuten und der Springburg vorbei zum Käfig, wo ein Schimpanse auf einer Bank sitzt. Er hält seine Hand durch das Gitter, bettelt um Nahrung. Am Zaun steht: »Füttern strengstens verboten! Lebensgefahr!« Eine weißblond gefärbte Frau steckt ihm trotzdem etwas zu. Bevor sie das tut, guckt sie sich mehrfach um.

Soll Opa was sagen? Er lässt es bleiben. Aber es ärgert ihn schon. Er ärgert sich über die Frau und über sich selbst. Der Affe fordert nun weitere Nahrung ein. Dazu schlägt er sich laut klatschend mit der Hand auf seine Fußsohle und hält danach wieder seine Hand raus. Ein weiterer Schimpanse kommt dazu und beschmeißt die Zuschauer mit Dreck, die aufgeschreckt kreischend in alle Richtungen wegspringen.

In der Vogelabteilung gibt es Rotschopfturakos zu sehen. Sie sind aus Angola und dem Kongo. Auf einem Schild ist aufgemalt, was sie fressen.

»Die fressen sogar Nacktschnecken!«, sagt Jente. »Die können ja mal zu uns kommen.«

Nun muss es auf den Spielplatz gehen. Es geht am Kiosk vorbei.

»Oma, Opa, kann ich ein Eis?!«

Na klar. Am Kiosk ist Geduld gefordert. Gerade sind Pommes bestellt worden. So wie die Verkäuferin hantiert, scheint sie das noch nicht oft gemacht zu haben. Sie steht neben der Fritteuse und starrt ins Fett.

»Meine Güte, die kann doch inzwischen weiter bedienen!«, raunt Oma. Nein, kann sie nicht.

»Kommt, wir suchen inzwischen schon mal aus, welches Eis ihr möchtet.«

An der Eistafel wird es mit der Entscheidung schwierig.

»Ich möchte das hier. Flutschfinger!«, sagt Jente.

»Das möchte ich auch«, sagt Jonna. »Ach nein, doch lieber das hier!«

Sie zeigt auf ein Eis mit Smarties.

»Oh ja, das will ich auch«, ruft Jente. »Oder nein, vielleicht doch lieber das!«

Inzwischen ist Oma froh, dass das mit den Pommes so lange dauert.

»Ihr müsst euch jetzt entscheiden«, sagt Oma.

»Na gut. Flutschfinger.«

»Na gut, ich auch.«

»Opa, willst du auch ein Eis?«

»Ja, ein Domino. Oder haben die auch Magnum? Magnum Classic?«

»Ja, was denn nun?«, will die Verkäuferin wissen. Oma ist nur froh, dass keiner von den Kindern auf die Idee kommt, noch Pommes zu bestellen.

Weiter geht's. Schaukeln, balancieren, klettern.

»Guckt mal, ich hab am Schuh Pitschematsch.«

Und nun zu den Ziegen. Da kann man reingehen und vorher noch eine Futtertüte aus dem Automaten ziehen. Mit einer Futtertüte in der Hand sollte man das Gelände allerdings nicht betreten, vor allem, wenn man kleiner als 1,40 Meter ist und Oma und Opa als Retter nicht in der Nähe sind.

In die Eingangsschleuse haben sich einige Ziegen reingedrängt, Besucher auch. Und so passiert es, dass auf kleinstem Raum Mensch und Tier miteinander rangeln. Die einen wollen rein, die anderen raus. Dazwischen kleine Kinder, die es mit der Angst kriegen. Die Ziegen gehorchen einfach nicht und sind stark. So einfach gehen die nicht wieder zurück ins Gehege. Zum Glück finden sich immer Väter, die die Sache in die Hand nehmen und den Ziegen den Weg zeigen.

Auf dem Rückweg fragt Jente: »Wie heißen die noch mal, die ihren Kopf nach hinten machen zum Schlafen? Die sind so pink.«

»Meinst du die Flamingos?«

»Ja. Die können auf einem Bein stehen und fallen nicht um.«

Und was sagt uns das?
☞ *Den Tag für Enkelkinder zu füllen ist so herrlich einfach.*

36

Wie man ein Bild erklärt bekommt

Juli hat ein Bild gemalt. Im Kindergarten. Die Kindergärtnerin meint, das sei für ihr Alter außergewöhnlich ausdrucksstark. Es ist mit Buntstiften auf ein DIN-A4-Blatt gezeichnet. Zwei Figuren sind zu erkennen und etwas, was irgendwie mit den beiden verbunden zu sein scheint.

Auf Befragung erklärt Juli, dass links ihre Mama zu sehen ist, zu erkennen an den langen dunkelblauen Haaren. Sie trägt einen rosafarbenen Overall. Auch die Schuhe sind rosa. Das hellbraun gefärbte Gesicht ist bis auf die zusammenliegenden blauen Augen nicht weiter ausgemalt. Rechts davon ist der Papa zu erkennen, dessen Haare nur durch sechs blaue Striche angedeutet sind. Das Gesicht ist ebenfalls hellbraun. Er hat blaue Augen und sein Mund ist ein langer Querstrich. Darunter sind senkrechte Striche zu erkennen. Das sollen seine Bartstoppeln sein, die sie immer kratzen, wenn er mit ihr schmust. Vom Kopf gehen lange blaue Striche hinab bis zu den blauen Schuhen. Seine Hand schiebt einen blauen Kinderwagen auf orangefarbenen Rollen. Auf dem Wagen ist eine dicke, rote Haube zu erkennen. Darin ist in ganz zarten Linien ein Baby zu erkennen – Liv.

Opa fragt: »Wo bist du denn und vor allem, wo sind denn Oma und Opa?«

»Die hab ich vergessen.«

Warum malt der Mensch? Wahrscheinlich doch, um etwas festhalten zu wollen, die Magie des Augenblicks zu erhalten, um etwas zu verarbeiten.

So wird bei Juli das nächste Umfeld zum Thema: Mutter, Vater, Baby. Von den bedeutenden Dingen für sie bis hin zu Nebensächlichkeiten. Menschen in ihren sozialen Bezügen. Mutter erscheint größer als der Vater. Der Vater übernimmt die Verantwortung der Betreuung für das Baby. Mutter ist somit freigestellt. Wäre also wieder frei für die uneingeschränkte Aufmerksamkeit auf sie. Da müssen die Großeltern schon mal begreifen, dass sie nicht Thema auf dem Bild sein können. Und so bleiben sie demütig bescheiden und freuen sich.

Juli ist großzügig. Sie verschenkt ihr Bild.

»Kannst du behalten«, sagt sie zu ihren Großeltern.

Und was sagt uns das?

☞ *Schon die Urmenschen haben gemalt, um sich zu befreien. Das ist heute nicht anders.*

37

Wie man eine Karikatur von sich selbst im Keller entdecken kann

Juli hat Opa was zu zeigen. Deshalb schiebt sie Opa vor sich her. Es geht in den Keller, in dem das Büro der Eltern ist. Wie zwei Verschworene tauchen sie in die Tiefen des Hauses ab. Abgründe tun sich auf. Was hat sie vor? Wo geht es hin?

»Leise!«, sagt Juli und legt den Finger auf den Mund.

»Schön festhalten!«, sagt Opa. »Was gibt es denn da zu sehen?«

Juli sagt nichts. Sie erfasst ganz fest die Hand von Opa.

»Komm!«, sagt sie.

So schleichen sie sich in den Keller. Im Büro der Eltern ist niemand. Nur die Computer laufen. Sie zeigen auf den Displays, was gerade ansteht. Aktuell geht es um einen Werbekatalog. Die erfolgreichen Arbeiten aus früheren Tagen hängen wie Trophäen an der Wand: Die Werbung für das Schwimmbad oder die für den Bürgermeisterkandidaten, auch die plattdeutsche Bühne des Ortes ist mit einem Plakat vertreten.

Und ein Plakat von Opa hängt da. Dahin zieht Juli Opa und wartet nun auf eine Reaktion. Es ist eine Karikatur von ihm. Eine gelungene Karikatur, wie er findet, denn sie zeigt sein typisches Grinsen, bei dem viel zu viel Zahn und Zahnfleisch zu sehen ist, ebenso die zu langen und grauen Haare. Das Plakat weist auf eine Veranstaltung hin, die im letzten Sommer stattfand. Dort hat er aus seinen Büchern vorgelesen.

»Wer ist das denn?«, fragt Opa.

»Das bist du!!!«, sagt Juli. Und dann lacht sie.
»Und woran erkennst du mich?«
»An den Haaren. Opa, so siehst du aus!«
»Das bin ich doch gar nicht!«, sagt Opa.
»Doch! Das bist du! Glaub mir das!«

Und was sagt uns das?

☞ *Kindermund tut Wahrheit kund.*

KAPITEL 3

OMA, OPA, NICHT KUCKEN!

Wie man Streitigkeiten gelassen beobachten sollte

Jonna, Jente und Juli finden sich zusammen zum Spiel, wobei, ein gemeinsames Spiel findet eigentlich nicht statt, denn Jonna vereinnahmt Juli für sich, und will ihr etwas aus ihrem Bilderbuch vorlesen, wobei sie noch gar nicht lesen kann. Jente sitzt in der anderen Ecke und spielt mit Playmobilfiguren. Bevor Jonna zu lesen anfängt, muss sie noch schnell aufs Klo und verschwindet. So wendet sich Juli Jente zu, und sie spielen gemeinsam mit den Figuren. Als Jonna zurückkommt, muss sie feststellen, dass Juli nicht mehr für ihre Vorlesungen zur Verfügung steht. Sie sagt deshalb zu Juli:

»Magst du Jente lieber als mich?«

»Ja!«

Stille …

»Jente kann aber nicht lesen und redet immer Quatsch!«

Stille …

»Ich spüre, ihr mögt mich nicht!«

Jonna fängt zu weinen.

Das chinesische Au-pair-Mädchen Xihuan sitzt dabei. Sie kommt aus der Nähe von Xi'an, aus der Stadt der Terrakotta-Soldaten. Sie hat einen 13-jährigen Bruder, der Jang-Jang heißt. Sie weiß nicht zu schlichten, denn sie versteht nicht, was da abläuft. Sie will es auch gar nicht verstehen, denn sie hat ihr Handy vor sich liegen, das ständig ihre Aufmerksamkeit fordert. Sie fragt ihren Bruder per WhatsApp, was er gerade macht. Er antwortet: »Ich bin gerade nach Hause gekommen und nehme jetzt ein Bad.« Die chinesischen Schriftzeichen auf dem Display sind von faszinierender Fremdheit.

Jente hat Mitleid mit Jonna und fragt sie:

»Wollen wir was zusammen spielen?«

»Nee, will ich nicht«, sagt Jonna.

Das lässt Jente aber nicht als Antwort gelten.

»Ich sehe eine Farbe, die du nicht siehst, und die ist blau!«, sagt Jente.

»Warum erzählst du mir das? Sprichst du laut mit dir?«, fragt Jonna.

»Komm – wir gehen jetzt nach oben – ohne Jonna!«, sagt Jente und wendet sich wieder Juli zu. Jonna geht trotzdem hinterher, Xihuan, nach kurzem Aufblicken von ihrem Handy, auch. Oben angekommen, findet dann doch noch so etwas wie ein gemeinsames Spiel statt:

»Der Turm, der wackelt, der Turm, der wackelt, die oberste Spitze fällt ab.«

Aber auch das geht nicht lange gut.

»Ich spiel nicht mehr mit euch. Ihr hört mir nicht zu«, sagt Jonna.

Sie geht wieder nach unten zum Fernseher, schaltet sich YouTube ein und tanzt zu Mark Forsters Lied: »Bauch sagt zu Kopf Ja, doch Kopf sagt zu Kopf Nein.« Sie singt den Text fröhlich mit.

Und was sagt uns das?

☞ *Man muss sich nicht in alles einmischen.*

39

Wie man das Versteckspielen wieder neu lernt

Die Großeltern spielen mit Jonna und Jente Verstecken.

»Opa, du musst suchen! Zähl bis zehn!«

»… acht, neun, zehn! Ich komme!«

»Noch nicht! Opa! Zähl noch mal bis zehn!«

»… neun, zehn! Ich komme!«

»Mal sehen, wo könnten sie denn sein? Oh, das ist aber schwer!«

Jente versteckt sich nach dem Prinzip: »Sehe ich dich nicht, siehst du mich nicht!« Sie steht hinter dem Vorhang, unten schauen ihre

Füße heraus. Die Großeltern tun so, als wenn sie niemanden sehen und keinen finden.

»Mäuschen sag mal Piep!«

»Piep!«

»Sag mal, wo kam das denn her? Noch mal, Mäuschen sag mal Piep!«

»Piiieeep!«

»Oh, wo können sie nur sein? Ich hör sie, aber ich seh sie nicht!«

»Piiiiiiiiiiiiiiiiiiiiiiieeeeep!«

Die Gardine wackelt heftig.

»Ach, da bist du!«

Jonna ist nicht zu finden. Sie sagt nach Aufforderung immer wieder »Piep!«, aber sie ist tatsächlich verschwunden. Wo ist sie? Die Stimme kommt eindeutig aus der Garderobe. Oma guckt kopfschüttelnd Opa an und sagt: »Das gibt's doch gar nicht! Sind wir blöd?«

Sie drehen sich im Kreis, finden sie aber nicht. Irgendwann dauert es Jonna zu lange. Sie steht direkt neben Oma, aber unsichtbar. Sie hat sich in die hohen Reitstiefel ihrer Mutter gestellt und ihren Oberkörper hinter den langen Jacken und Mänteln auf dem Kleiderhaken versteckt.

»Noch mal! Oma, Opa, ihr müsst noch mal suchen.«

Und was sagt uns das?

☞ *Kinderspiele früherer Zeiten haben nichts von ihrem Reiz verloren.*

40

Wie Farben unterschiedliche Wirkungen auf Menschen haben und dadurch Gefühle erzeugen

Neben den Großeltern wohnen auch Großeltern. Die haben zwei Enkelkinder, zwölf und acht Jahre alt, Tim und Max. Im letzten Jahr war die ganze Familie im Urlaub in Holland. An einem Tag sollte eine Fahrradtour an der Küste entlang gemacht werden. Das fanden auch die Enkelkinder gut. Froh gelaunt ging es zum Fahrradverleih. Dort trat ein unvermutetes Problem auf. Es waren für die Kinder nur noch rosafarbene vorhanden. Rosa angemalte Fahrräder? Das ging für Tim, den Älteren, gar nicht.

»Was sollen denn die Leute denken, wenn die mich sehen!«

Und seinen Bruder Max hatte es ganz besonders schlimm getroffen. Sein Fahrrad war nicht nur rosa, sondern da waren auch noch Blümchen drauf. Wenn denn wenigstens noch »Leihfahrrad« draufgestanden hätte.

»Damit fahr ich nicht.«

Der Großvater versuchte noch, ihm die Sache schmackhaft zu machen: »Na, hör mal. Bei einem der berühmtesten Radrennen der Welt, dem ›Giro d'Italia‹, trägt der beste Fahrer ein rosa Trikot. Schämt der sich vielleicht? Nein! Der ist sogar sehr stolz, dass er das Trikot tragen darf. Alle Leute wissen dann, dass er der Erste der Gesamtwertung ist. Ist doch toll, oder? Und du darfst sogar ein rosa Rad fahren. Das ist doch was. Du gleichst ihm dann sogar ein bisschen.«

Aber auch das zog nicht. Die Fahrradtour musste ausfallen.

Opa macht sich so seine Gedanken. Dabei ist Rosa doch erst einmal nur eine Mischung aus gleichen Anteilen von Weiß und Rot, aber sie hat auch eine höchst emotionale Wirkung. Woher kommt also die Ablehnung der Farbe bei Tim? Fühlt er sich in seiner beginnenden Männlichkeit nicht ernst genommen? Könnte seine Außenwirkung lächerlich wirken?

Wann beginnt die Zuordnung der Farben zu Eigenschaften bei den Geschlechtern? Liegt es daran, dass die Mädchen nach der Geburt in Rosa gepackt werden, die Jungen in Blau? Findet eine Sozialisierung durch die Beobachtung des Umfeldes ab einem bestimmten Alter statt? Mädchen bevorzugen Rosa? Jungen bevorzugen Blau? Ist das anerzogen, oder liegt das bereits in den Genen? Blau – die Farbe der Coolen, der Weisen, der Forscher? Blau – die Farbe der Männer? Rosa – die Farbe der Schwachen, der Hilflosen, der Schwulen? Rosa – die Farbe der Frauen?

Opa kommt zum Schluss, dass er diese Problematik nicht lösen kann. Er nimmt es so, wie es ist.

Die Großeltern werden aber bei Livs Geburt sich schon mal gegen den Trend verhalten. Die erste Babygarnitur, die das Kind bekommt, wird grün, lila, beige oder hellgrau sein, passend zum Sofa. Das muss einfach sein.

Und was sagt uns das?

☞ *Rosa oder Blau – völlig egal – auf den Inhalt kommt es an.*

41

Wie man über den Verzicht zum Glücklichsein kommt

Die Nacht ist vorgerückt, der Tag ist herbeigekommen. So lasset uns also ablegen die Werke der Finsternis und anlegen die Waffen des Lichts. Das ist aus dem Brief von Paulus an die Römer und steht so im Neuen Testament. Dieser Text kommt Opa in den Sinn, als er die Nachrichten hört. Dort wird berichtet, dass Unbekannte Metallbuchstaben von Grabsteinen abgeschlagen, abgesägt und abgebaut haben. Bis jetzt sind 40 solcher Fälle bekannt geworden. Es werden aber wohl sehr viel mehr Vorkommnisse in nächster Zeit bekannt werden, wenn zum Frühjahr die Verwandtschaft wieder auf die

Friedhöfe geht, um die Gräber für das Jahr herzurichten. Dann wird das wahre Ausmaß der Zerstörung bekannt werden. Die Werke der Finsternis werden den Waffen des Lichts ausgeliefert sein.

Engel, Kreuze, Buchstaben und Zahlen aus Bronze, Zink oder Kupfer stehlen? Welches armselige Hirn hat sich denn das wieder ausgedacht? Ist es wirklich die eigene Not, die einen auf solche Gedanken kommen lässt? Ein Schrotthändler bezahlt zurzeit für ein Kilo Kupfer 4,80 Euro. Wenn man 100 Kilo abliefert, kriegt man dann 480 Euro? Wie viele Gräber muss man schänden, um auf so ein Gewicht zu kommen? Was macht ein Schrotthändler, wenn ihm so was angeliefert wird? Muss er nicht sofort die Polizei anrufen?

Ja, Opa hat gut reden, denn er ist ein glücklicher Mensch, er hat sein Auskommen, muss nicht unter Lebensgefahr mit einem Schlauchboot über das Mittelmeer. Er braucht keine weltlichen Schätze mehr. Ihn nervt nur sein Ischiasnerv. Er weiß, dass das Glücklichsein immer nur ein Moment sein kann, denn Glück tritt für ihn im Moment schon dann ein, wenn er ohne Schmerzen durch den Tag kommt.

Er weiß nun, dass er nur glücklich werden kann, wenn er sich nicht zum Mittelpunkt einer Sache macht. Und so verzichtet er am Abend im Fernsehen auf die Berichte über die Bundesliga, weil sein Enkelkind zur gleichen Zeit zum hundertsten Mal *Bibi und Tina* gucken will.

Aber wie der HSV gespielt hat, das wüsste er schon gern.

Und was sagt uns das?

☞ *Verzicht ist die wahre Glückseligkeit*

Wie man das Internet nutzen könnte

Die Obhut über die Enkelkinder ist für die Großeltern im Alter zur Lebensaufgabe geworden. Sie genießen es, Zeit mit ihnen zu verbringen und sie aufwachsen zu sehen. Das ist ihnen mehr wert als alles Geld der Welt.

Nun aber hat Opa einen Bericht im Regionalfernsehen gesehen, der ihn nicht mehr loslässt. Eine Bloggerin wird vorgestellt. Opa ist stolz, dass er so ungefähr weiß, was das ist. Inzwischen soll es ja auf der Welt Millionen von Menschen geben, die einen eigenen Blog haben. Aber diese Bloggerin lässt ihn aufhorchen. Sie nennt sich »Mama-Bloggerin«. Nachdem ihre Erstgeborene vier wurde und ihre zweite Tochter den ersten Geburtstag hinter sich hatte, überkam sie als nicht berufstätige Mutter Langeweile. Sie suchte eine neue geistige Herausforderung, wollte aber noch nicht wieder in den Beruf einsteigen. Da sie ohnehin ihre Kinder ständig mit dem Smartphone filmte, kam sie auf die Idee, die Öffentlichkeit daran teilhaben zu lassen. Sie erstellte einen eigenen Blog. Von dem Tag an konnte die Welt auf YouTube an ihrem »Mama-Leben« teilhaben.

Das gemeinsame Spiel mit den Töchtern wird dokumentiert. Das Rezept für den Geburtstagskuchen und das Backen ergeben schon mal eine halbe Stunde Sendezeit. Die Welt nimmt teil an ihren Erziehungsmethoden. Die Zahl der Mama-Blogger-Zuseher wächst wöchentlich. Sie nutzt die Chance. Nachdem sie die Zahl von 100.000 Followern überschritten hat, spricht sie verschiedene Firmen an. Sie erkundet das Interesse nach Werbebannern und Produktplatzierungen. Der Erfolg überrascht sie. Sie verdient Geld mit ihrem Blog.

Opa kommt ins Nachdenken. Hallo? Was mit Mama geht, muss doch auch mit Oma und Opa gehen. Fotografiert und filmt er nicht ohnehin fast an jedem Tag, den er mit seinen Enkeltöchtern verbringt? Hat er nicht einen Internet-affinen Schwiegersohn und eine Tochter, die in ihrem Job perfekte Webseiten gestaltet? Denen müsste es doch ein Leichtes sein, ihm einen Blog zu gestalten und ihm beizubringen, wie man die Inhalte einstellt.

So ein »Oma & Opa-Blog« wäre doch eine fabelhafte Idee. Das wäre noch einmal eine echte Herausforderung im Ruhestand! Und wenn sich damit noch ein Taschengeld verdienen ließe, wäre das ja auch nicht schädlich.

Er war noch nie wahnsinnig spontan. Er muss Ideen erst sacken lassen. Die Idee sackt, lässt ihm aber keine Ruhe. Beim Frühstück am nächsten Tag unterbreitet er seiner Gattin, der Oma, seine Fantasie. Im Stillen hofft er, auf echte Begeisterung zu stoßen. So was wie: »Boah, wie bist du denn auf so eine tolle Idee gekommen?«

Die Realität sieht anders aus. »Bist du von allen guten Geistern verlassen?«

»Wieso das denn nun?«

»Willst du allen Ernstes, dass die ganze Welt sieht, wie wir mit unseren Enkelkindern spielen? So etwas Intimes? Da können wir ja gleich vor unserem Bett oder im Bad eine 24-Stunden-Kamera aufstellen. Du bist doch derjenige, der Facebook ganz furchtbar findet, wo jeder Hans und Franz seinen Mist veröffentlicht. Das ist doch nichts anderes. Und was ist in zehn Jahren, wenn die Bilder immer noch nicht aus dem Netz verschwunden sind? Die Klassenkameraden können sich beömmeln, und unsere Kleinen müssen leiden. Nein, nein und nochmals nein. Manchmal hast du sie wohl nicht mehr alle. Und was die Kohle angeht, ich kann dein Taschengeld gerne etwas erhöhen.«

Opa geht in sich.

Und was sagt uns das?

☞ *Gerade weil Opa seine Enkel liebt, sollte er nicht alles mit der Welt teilen. Es reicht, wenn er die Zeit mit ihnen teilt.*

Wie man in die Situation kommt,
sich mit Eytsch dii auseinanderzusetzen

Das Bespaßungsprogramm geht in die Endphase. Opa denkt am Nachmittag des Sonntags mal ganz egoistisch an sich. Er möchte das Fußballspiel zur Weltmeisterschaft sehen. Die Deutsche Nationalmannschaft spielt gegen eine aus dem Osten, ein Land, von dem er annahm, dass es im asiatischen Raum liegt. Es liegt am Kaspischen Meer, noch in Europa, 4.000 Kilometer von Deutschland entfernt. Diese Mannschaft spielt in blauen Trikots, die deutschen Spieler im üblichen Schwarz-Weiß. Das alles wäre nicht besonders erwähnenswert, wenn ihm nicht die Qualität des Fernsehbildes auffiele. Das liegt an »Eytsch dii«, HD, High Definition Television, einer Technik, die für ein hochauflösendes Fernsehbild sorgt. Das sagt später auf Nachfrage sein Schwiegersohn. So kommt er während des Spiels in den Genuss, den Grashalm und den Pickel auf der Stirn von André Schürrle ganz genau zu erkennen oder die Farbe der Spucke, die Mats Hummels auf das Spielfeld setzt.

Den Enkelkindern fällt das nicht auf. Sie sind eine solche Qualität gewohnt. Opa kommt noch aus der Fernsehsteinzeit, als die Bilder sich zwar schon bewegen konnten, aber nur in bläulichem Schwarz-Weiß daherkamen, und das auch nur sehr verschwommen.

Den Enkelkindern fällt etwas anderes auf. Opa steht während des Fußballspiels für sie zum Spielen nicht zur Verfügung. Er hat nur Augen für den Bildschirm. So gucken auch sie sich das Spiel an.

»Warum hat der eine Mann ein rotes Hemd an?«

»Das ist der Schiedsrichter. Der passt auf, dass die Spielregeln eingehalten werden.«

»Der sieht so aus wie mein Schwimmmeister.«

»Oh, guck mal, der hat eine Vier auf dem Rücken. Und der eine Sieben! Und der eine Eins und eine Null«, sagt Jente.

»Das ist eine Zehn«, sagt Jonna.

Darauf kneift Jente ihre Schwester.

»Das sag ich Mama!«

Die Kamera fängt drei kleine Jungs ein, die ihr Gesicht farbig geschminkt haben.

»Die haben die deutschen Deutschfarben!«, sagt Jonna.

»Opa, wann ist das zu Ende?«

Und was sagt uns das?

☞ *Ein Fußballspiel dauert 90 Minuten, ein Großvaterdasein bis zum Ende seines Lebens.*

44

Wie man sich zum bösen Wolf wandelt

Kristof und Marthe sind geschäftlich für zwei Tage unterwegs. Oma und Opa bleiben deshalb über Nacht bei Jonna und Jente.

Für Oma wird die Nacht kurz. Nachts um drei Uhr ruft Jente nach ihrer Mama. Oma geht zu ihr, streichelt sie, redet leise und behutsam auf sie ein und kann Jente beruhigen. Oma geht zurück ins Bett, ihre Sinne bleiben aber geschärft. Bereits nach fünf Minuten hört sie wieder ein zaghaftes Gejammer. Sie steht wieder auf, dieses Mal mit der Absicht, so lange bei Jente sitzen zu bleiben, bis sie wieder eingeschlafen ist. Bloß nicht, dass Jonna auch noch wach wird. Und so sitzt sie. Langsam wird ihr kalt. Oma zieht es vor, Jente mit ins eigene Bett zu nehmen. Und so geschieht es. Oma ist inzwischen hellwach. Jente auch. Was dann bis zum frühen Morgen an Unterhaltung läuft, bleibt Opa verborgen. Der hat nichts mitbekommen – wie immer.

Opa wird erst wach, als Jonna ihm ihren Zeigefinger an den Hals drückt. Opa schreckt auf. Ein Blick zur Uhr: 6.15 Uhr.

»Opa, was hast du da?«

»Wo?«

»Da, am Hals!«

Opa knurrt.

»Opa knurrt wie ein junger Wolf«, sagt Jente.

»Wohl eher wie ein alter Wolf«, sagt Jonna.

»Komm her, Rotkäppchen, ich will dich fressen!«

Opa macht Anstalten, Jonna und Jente zu verschlingen. Mit gespieltem Entsetzen verlassen sie fluchtartig das Bett, nur um Sekunden später wieder im Bett zu sein.

»Opa, kannst du das?«

»Was?«

Er öffnet seine Augen ein wenig, um zu sehen, was sie meint.

»So auf einem Bein stehen?«

»Nein, das kann ich nicht. Ich kann im Moment nur so liegen.«

»Bist du nicht mehr der böse Wolf?«

»Nein, bin ich nicht mehr. Das ist mir zu anstrengend.«

»Opa, wach auf!«

Jonna krabbelt zu Opa und schiebt seine Augenlider hoch.

»Jonna, lass das. Ich bin müde.«

»Du sollst aufstehen.«

Sie zieht ihm die Bettdecke weg. Jente stimmt ein Lied an: »Guten Morgen liebe Sorgen, seid ihr auch schon alle da? Na, dann ist ja alles klar!«

Und noch einmal: »Na, dann ist ja alles klaaar!« Und noch einmal, und noch mal.

Opa wundert sich. Komisch, Oma schläft – bei dem Lärm.

Und was sagt uns das?

☞ *Wenn das alle Sorgen sind, die man am Morgen hat, darf man sich glücklich schätzen.*

Wie man den Moment genießen kann

Die Sommerzeit hat wieder angefangen, und auch der erste Frühlingstag im Jahr hat seinen Einzug genommen. Er ist schon fast zu heiß. Die Vögel zwitschern. Das vierte Enkelkind ist eine Woche alt. Der Kaffeepott steht auf dem Gartentisch. Juli schmeißt ihre Winterjacke in die Ecke und zieht die Sommerschuhe an.

Endlich! Oh, wie lange hat das gedauert. Sie springt über die Wiese und rollt einen steinernen Frosch zur Seite, unter dem Asseln aufgeregt hin und her laufen. Eine tote Assel sammelt sie auf und gibt sie Opa.

»Darf ich die wegschmeißen?«, fragt er. Opa kriegt keine Antwort.

Sie geht zu ihrem Spielhaus im Garten, das sie seit dem letzten Jahr nicht mehr betreten hat, öffnet die Tür und holt ein Plastikmotorrad heraus. Sie stellt es aber zur Seite. Sie will an ihr Tigerlaufrad. Das Herausbringen ist mit Schwierigkeiten verbunden. Nach dem dritten vergeblichen Versuch guckt sie schon einmal vorwurfsvoll zu Opa, der das Szenario beobachtet, aber nicht aktiv wird, weil er sich nicht sagen lassen will:

»Hau ab, Opa, das kann ich allein!«

Nach dem fünften Versuch kommt sie zu Opa:

»Opa, du sollst mir helfen! Bitte.«

Das macht er natürlich und stellt ihr Laufrad so, dass sie gleich losfahren kann. Ab geht die Post. Die Auffahrt herunter. Da muss Großvater hinterher. Was ist, wenn sie von dort auf die Straße fährt? Die Aufregung ist umsonst. Sie weiß mit dem Gefährt umzugehen.

Opa setzt sich wieder auf die Terrasse zu seinem Kaffeepott. Sein Hörgerät ist aufgeladen und eingeschaltet, die Brille geputzt, genügend Geld in der Tasche. Das Auto ist bei der Inspektion gewesen, die Sommerreifen sind aufgezogen, die Winterreifen eingelagert. Es ist von innen und außen geputzt. Sogar der Möwen-schiss auf der Motorhaube ist nun endlich weg. Sein Zahnarzt will ihn erst im Herbst wieder sehen.

Juli ist auf ihr Spielgerüst geklettert, stellt sich auf die höchs-te Plattform und singt laut und inbrünstig: »Alles ist so wunhun-derbar, alles ist so toll, so wunhunderbar!« Wohl mal wieder eine Eigenkomposition.

Von der Straße hört er den summenden monotonen Gesang der Autobahn. Das hört er gerne. Es zieht ihn nicht mehr in die Ferne. Nach New York will er nicht mehr. Die Provinz ist ihm genug.

Was stört ihn?

Nichts!

So, Opa, nun freu dich! Besser wird's nicht.

Juli ruft von ihrer Sandkiste: »Oh, ein Regenwurm.«

Und dann: »Oma, Opa, zwei Regenwurme.«

Und was sagt uns das?

☞ *Man kann nichts festhalten, also lebe den Moment.*

KAPITEL 4

OMA, OPA, NICHT TRAURIG SEIN!

Wie die Fahrt zu den Enkelkindern
manchmal deprimieren kann

»I love Plön« – »Achtung! Sie verlassen jetzt Westberlin!« – »Tausche Wien gegen Südtirol!« – »Jesus würde oben bleiben. Kein Stuttgart 21!« – »Bitte flüstern Sie weiter! Es gibt hier nichts zu wohnen. Refugees not welcome!« – »Alles für den FCH« – »Lieber Golf spielen als Golf fahren« – »Klar bist du schneller! Aber ich fahr vor dir!«

Ja, auf der Fahrt zu den Enkelkindern gibt es nicht nur viel Landschaft zu sehen, auch viele Aufkleber, an Autos, die vor ihm fahren oder bei Rot an der Ampel vor ihm stehen. Da macht man sich dann schon mal seine Gedanken.

»Es ist mir egal, wie eure dicken Kinder heißen!« Hallo? Was ist das denn? Dazu ist der ausgestreckte Mittelfinger abgebildet, Handaußenfläche zum Betrachter gerichtet. Ist ja wohl eher ein Zeichen der Verachtung, des Missfallens, den hier ein Mensch zum Ausdruck bringen will – eigentlich ein Tatbestand der Beleidigung, Strafgesetzbuch, gemäß § 185, kann bis zu 4.000 Euro Verwarngeld kosten.

Warum klebt man sich überhaupt Aufkleber auf sein Auto? Gut, für Werbezwecke ja verständlich, »I love …« auch noch nachvollziehbar, aber was soll ein Text: »Es ist mir egal, wie eure dicken Kinder heißen.«? Dem Fahrer ist es offensichtlich egal, wie die dicken Kinder anderer Leute heißen. Ja, gut, wen interessiert das? Und, Umkehrschluss, ist es ihm dann nicht egal, wie die dünnen Kinder anderer Leute heißen? So was kann man tatsächlich kaufen, zum Beispiel an der Tankstelle. Vorgefertigte Sprechblasen für den Möchte-gern-Witzbold.

Ein anderer Wagen bietet ein »Problem gelöst!« an. Ein Mann und eine Frau mit Kind stehen als Piktogramm nebeneinander. Im nächsten wird die Problemlösung gezeigt. Das Männchen tritt die Frau aus der Umfassung. Soll das lustig sein?

Jetzt im November scheint nicht nur das Wetter trist und deprimierend zu sein. Wirklich alles?

Nein, man hat ja noch die Enkelkinder.

Und was sagt uns das?

☞ *Auch wenn es manchmal schwerfällt, man muss die Menschen nehmen, wie sie sind.*

47

Wie man durch Enkelkinder schlauer wird

Im Café neben dem Großvater sitzt eine Familie. Ein dazugehöriger kleiner Knirps ist von oben bis unten mit dem gelbschwarzen Trikot von Borussia Dortmund eingekleidet. Sogar seine Knie sind mit den hochgezogenen Stutzen bedeckt. Auf seinem Rücken stehen »Aubameyang« und die Nummer 17.

»Was bedeutet das denn? Aubameyang?«, will ein grauhaariger Mann aus der Runde der Familie wissen, offensichtlich der Opa. »Ist das ein Mittel gegen Husten?«

Leicht genervt erklärt der ältere Bruder, dass das ein Stürmer aus Afrika sei.

»Und warum spielt der denn bei Dortmund?«

»Na, weil er viele Tore schießt. So einfach ist das.«

»Er könnte doch aber auch in Afrika spielen. Das ist doch für ihn viel bequemer, muss keine neue Sprache lernen, und außerdem ist es doch da viel wärmer.«

»Mann, Opa, hier verdient er doch viel mehr Geld. Das würdest du doch auch tun.«

»Nach Afrika gehen?«

»Nein, nach Dortmund.«

»Aber, meinst du, die nehmen mich noch?«

»Nein, Opa, du bist doch viel zu alt.«

»Na, dann könnte ich ja zum HSV gehen. So gut wie die sind, da könnte ich doch noch locker mithalten, oder?«

»Opa, du willst mich wohl verarschen, das glaubst du doch selber nicht.«

Und was sagt uns das?
☞ *Auch andere Opas haben ihre Probleme.*

Wie man auf andere Art
seinen Gedanken folgen kann

Oma und Opa sind mal wieder auf dem Weg mit dem Auto zum Enkelkind. Es sind immerhin über 60 Kilometer bis dort. Man könnte Radio hören, eine CD einlegen, mit dem Partner sich unterhalten oder auch zusammen schweigen. Sie machen nichts von dem. Seine Frau liest ihm aus einem Buch vor, das sich mit dem Flüchtlingsproblem beschäftigt.

Gehen, ging, gegangen ist der Titel des Buches. Was muss passieren, bis jemand seine Heimat verlässt?

So wird die Zeit des Fahrens nicht lang. Opa kann den Sätzen lauschen, die manchmal viel zu lang sind und Konzentration vom Leser und Hörer verlangen. Obwohl es Ende April ist und die Sommerreifen schon aufgezogen sind, fängt es an zu schneien. Dicke Flocken legen sich auf die Windschutzscheibe, wo der Scheibenwischer klaglos schnell und gewissenhaft seine Arbeit macht. Seine Gedanken schweifen ab. Dieser Schnee wird nicht lange bleiben. Die nackten Felder liegen da, als wenn sie mit einer

Plastikfolie überzogen wären, unter der der Spargel eigentlich jetzt wachsen müsste. Nein, es ist aber keine Plastikfolie, es ist Schnee, der sich wie ein Leichentuch über die Felder gelegt hat.

Er guckt seine Frau aus den Augenwinkeln an. Stille, ein Kapitel ist gerade beendet.

»Ich mach jetzt mal eine Lesepause, sonst wird mir schlecht.«

Sie ist immer noch schön, oder ist es ihr Stolz, ihre selbstbewusste Art, ihr, was weiß er denn, das ihn immer noch irritiert und fasziniert? Vor 40 Jahren, als sie sich kennenlernten, war sie eine Schönheit. Der Mensch verändert sich, nichts bleibt, wie es war. Schön, was ist das? Die glatte Oberfläche eines Wesens, die makellose Jugend eines Menschen? Ja, ist denn die Jugend nicht immer schön? Sind seine Enkelkinder nicht unglaublich schön?

»Du warst mal eine Schönheit. Schön wie eine Rose im Sommer.«

Nein, das kann er nicht zu ihr sagen. Das führt zu Missverständnissen, die unnötig sind. Schönsein hat so etwas von Oberflächlichkeit, es ist unverdient. Erst über die Jahre erarbeitet man sich sein Aussehen, das man verdient.

Oder wie wäre es mit: »Ich liebe dich, wie ich dich geliebt habe, als du noch jung warst.«

Nein, das lässt er auch.

Auf der Autobahn fährt er nicht mehr riskant, sondern defensiv. Man will ja noch was haben von der Ehefrau und den Enkelkindern.

Angekommen am Ziel, springt das Enkelkind Opa in die Arme.

»Oma, Opa, spielen!«

Und was sagt uns das?

☞ *Die Zeiten ändern sich, die Liebe auch.*

Wie man den Schreib- und Sprechfortschritt bei den eigenen Kindern verfolgen konnte

»Papa warum scPls tu Nch Met ons Grign SchreiP uns auch mal einen Prif«, übersetzt: »Papa, warum spielst du nicht mit uns Kriegen. Schreib uns auch mal einen Brief.«

Diesen Text findet der Großvater in einem alten Notizbuch, das er benutzt hat, als seine Kinder noch klein waren, etwa so alt, wie seine Enkelkinder jetzt.

Da hat er notiert, was seine Kinder so gesagt und geschrieben haben. Er stellt viele Parallelen fest. Auffällig ist, dass bei allen das Hundegebell sehr beeindruckend gewesen sein muss, denn alle, Töchter wie auch Enkelkinder, haben als erstes Wort: »Wau, wa!« gesagt.

Die nächsten Worte der Töchter waren:

Dut dut – Bauchnabel

Oi – Ohr

bamm – hinfallen

Ga ga – Ente

Mui – Kuh

Buba – Pullover

kumpfe – komisch

Der Wortschatz erweiterte sich zusehends:

Schusswärter – Torwart

Entenhaut – Gänsehaut

Pitsche – Pfütze

Kapsch – Quatsch

hebeln – schalten

Dann wurde die Welt genauer beobachtet:

»Das Mädchen hatte gar keine dicke Brust, und trotzdem hatte sie einen Brusthälter.«

»Wenn wir älter sind, werden wir alle in der Erde begraben. Dann kriegt man Erde ins Gesicht, aber das macht ja nichts, dann ist man ja tot.«

»Ich möchte Joghurt, die nicht da ist.«

»Wir räumen jetzt mal so auf, dass man denkt, dass wir hier nicht wohnen.«

»Ich bin jetzt ein großes Kind. Ich kann jetzt ohne Stützräder fahren.«

»Ich gehe jetzt nicht mehr in den Kindergarten. Die Jungen schubsen mich immer und wollen mich fangen.«

»Immer sagst du gleich, und wenn gleich vorbei ist, sagst du wieder gleich.«

»Was ist unter der Erde, und wer hat das gemacht? Ich weiß schon, der Liebe Gott! Aber wo kommt der her? Also, ich versteh das alles nicht.«

»Kriegen wir heute Besuch, oder warum ist das alles so sauber.«

»Ich versteh immer nur Bauernhof.«

»Mama, ich bin traurig. Immer nur essen, schlafen und mal wegfahren und – und – soll das alles sein?«

Die ersten Konflikte zwischen den Schwestern entstanden:

»Marthe ist sooooooooooooo blöde. Da erzählt sie mir, was sie an mir blöde findet. Obwohl ich gesagt habe, als sie mich gefragt hat, dass sie das nicht soll. Aber nein, sie faselt los. Warum fragt sie mich denn? Und dann sind wir aus dem Bad gegangen, und da hab ich aus Versehen ihren Fuß berührt, guckt sie mich ganz grimmig an. Na ja, jedenfalls wollte ich ihr einen Pfannkuchen aus der *Brigitte* mit Schokoladeneis machen, aber wenn sie mich so anprotzt, dann überlege ich mir noch mal, ob sie was abkriegt. Hilfst du mir beim Backen?«

»Ich will Line ja nie hauen oder so, aber wenn sie dann mit ihren Arschisätzen und so anfängt, dann kann ich nicht anders und halt ihr dann die Nase zu.«

»Ich möchte ja gar nicht, dass du abends immer völlig k. o. bist nur wegen Line und mir, aber wenn ich Line schon sehe mit ihrem

Gesicht und mit ihrer arschibekacktenbescheißigten Serie, dann muss ich ihr einfach eine knallen. Ich kann nicht anders!!!«

Aber gut, dass es noch die Eltern gibt:

»An Papa! Lieber Papa! Schlaff gut! und Traume gut! Komme bitte noch ein mal! Und gebe mir einen Kuß!«

»An Mama! Liebe Mama! Schlaff gut! und Traume gut! Komme bitte noch ein mal! Und gebe mir einen Kuß!«

Und was sagt uns das?

☞ *Die Kinder wie die Enkelkinder müssen ihren eigenen Weg ins Leben finden. Dabei können die Eltern oder Großeltern nur bedingt helfen.*

50

Wie Nachrichten im Radio eine neue Aufmerksamkeit erlangen können

Im Autoradio laufen die Nachrichten, Neues aus aller Welt: Attentat in der Türkei, Erdbeben in Italien, 220 Tote, mindestens, der Brexit sollte schnell vollzogen werden, sagt Premierministerin May, die NATO macht in Polen ein Manöver.

Aber auch Neues aus der Region erfährt man. Ein Großvater hat mit seinem Enkel gespielt: »Mensch-ärger-dich-nicht«. Das war dann wohl zu langweilig geworden. Und so kamen sie auf die Idee, mit den Handschellen der Mutter zu spielen, die früher mal bei einem Sicherheitsdienst gearbeitet hat. Opa hat sich die Handschellen von seinem Enkelkind anlegen lassen. Das Problem war dann nur, dass kein Schlüssel gefunden wurde, mit dem man die Handschellen wieder öffnen konnte. Opa und Enkel wussten keinen Rat mehr, sich aus dieser misslichen Lage zu befreien, und so riefen sie 110 an. Die Polizei sollte helfen – ob sie mal vorbeikommen könnten. Die Polizei, dein Freund und Helfer, kam vorbei. Sie konnte mit einem Universalschlüssel helfen.

Und irgendwie fühlt sich Opa im Auto nach dieser Nachricht wieder gut. Wenn man schon nicht die großen Probleme der Welt in den Griff kriegt – zumindest im Kleinen gibt es manchmal schnelle, einfache Lösungen.

Am Ende der Nachrichten wird der Wetterbericht des heutigen Tages verlesen: »Regnerisch, stark windig, an der Westküste drohendes Hochwasser, Windstärke 12, Sturmflutwarnung für den Hamburger Hafen. Temperaturen um den Gefrierpunkt, Sonnenscheinwahrscheinlichkeit null Stunden.«

Und zum Abschluss die Verkehrsdurchsagen: »Es wird geblitzt bei Fleckeby im Landkreis Schleswig-Flensburg, in der Ortschaft Ascheberg bei Plön und auf der A 21 bei Schackendorf. Und fahren Sie nur so schnell, wie es erlaubt ist. Schleswig-Holstein fährt fair.«

Das will Opa dann auch machen, schließlich will er gesund und ohne Strafmandat sein Ziel erreichen.

Danach singt Max Giesinger: »Einer von 80 Millionen«. Zwei davon sind auf dem Weg zum Enkelkind.

»Wenn wir uns begegnen, dann leuchten wir auf wie Kometen.«

Und was sagt uns das?

☞ *Autofahrten zum Enkelkind sind nicht immer spannend und müssen überstanden werden.*

51

Wie man einer alten Hutschachtel traurig hinterhersehen kann

Der Keller muss nun endlich einmal aus- und aufgeräumt werden, meint Oma. Da das eine Arbeit ist, die nicht unbedingt lustbetont ist, wird sie auch immer wieder weiter hinausgeschoben, bis es dann eines Tages nicht anders geht. Was kann denn alles weg? Eigentlich fast alles. Auf jeden Fall der alte Ikea-Schrank, der zur ersten gemeinsamen Einrichtung gehörte, die alten handgeknüpften Teppiche von der eigenen Mutter und auch die 100 Jahre alte, völlig verranzte Hutschachtel. In ihr lagen seit frühen eigenen Kindertagen die Kasperlepuppen: der König, der Teufel, die Prinzessin, der Fuchs, der Kasper und das Krokodil mit der verbrannten riesigen roten Schnauze. Die Schnauze verbrannte es sich an einem Weihnachtstag der frühen 50er-Jahre, als es eine Wunderkerze damit halten wollte. Meine Güte, wie lange ist das schon her!

»Was ist mit diesen komischen Teppichen?«

»Komische Teppiche?«, Oma entrüstet sich.

»Weißt du, was das für eine Arbeit war! Da hat meine Mutter Monate dran gesessen und jeden Wollfaden einzeln mit der Teppichnadel eingeknüpft. Da habe ich selber als Kind mit großem Vergnügen mitgeholfen. Und das Ganze war teuer! Das kann doch nicht einfach auf den Müll.«

»Überlege mal, wirst du jemals diese Teppiche irgendwo hinlegen?«

»Nein.«

»Die Töchter mit Sicherheit auch nicht.«

»Vielleicht die Enkel. Alles Alte wird irgendwann wieder modern.« Opa gibt auf.

Wohin nun mit dem restlichen alten Krempel? Natürlich zum Recycling-Center der Stadt. Ein russischer Arbeiter begutachtet den Hausmüll, der im Laderaum des Autos liegt. Er entdeckt die Hutschachtel.

»Oh, chalte Chuutschachtel, wo ist Zylinder?«

Opa zuckt mit den Schultern.

»Schon lange verschwunden.«

Er darf ohne etwas zu bezahlen seinen Müll abladen.

»In Container 19.«

So trennt er sich bei Container 19 von seinen überflüssigen, unnütz gewordenen Sachen, aber doch wissend, dass das Überflüssige das Wichtigste im Leben ist, so wie die eben erwähnte Hutschachtel aus der Kaiserzeit, worin sein Urgroßvater einmal seinen Zylinder aufbewahrt hat. Das lässt ihn ein wenig sentimental werden. Traurig sieht er ihr nach. Alles hat seine Zeit.

»Tschüss, alte Schachtel. Mach's gut.«

Dann wendet er seinen Blick ab vom Müllschlucker, der alles so gefühllos ohne Erbarmen zerquetscht. Gerettet hat er aber die Kasperlefiguren aus der Hutschachtel. Etwas Sinnvolles, mit denen er seine Enkelkinder unterhalten kann – mit den alten Holzfiguren, die inzwischen die Blessuren der Ewigkeit der immer gleichen Abläufe eines Kasperletheaterspiels tragen.

Und was sagt uns das?

☞ *Manchmal muss Entrümpeln sein. Dabei ist Sentimentalität nicht immer hilfreich.*

52

Wie man Memory wiederentdeckt und dabei etwas über sich lernt

Wie findet man gleiche Bilder, von denen es nur zwei im Spiel gibt, wenn sie mit der Rückseite, also verdeckt, auf dem Boden liegen? Noch dazu, wenn man nur zwei Karten aufdecken darf. Wenn sie nicht zusammenpassen – Auto, Baum oder Zug –, wieder umdrehen und sich die Lage der Karten möglichst merken. Dann ist der Gegner dran. Passen zwei Karten zusammen, darf man sie aus dem Spiel nehmen, sie bei sich sammeln und darf noch einmal sein Glück versuchen. Kennt doch jeder, ein Spiel für Kinder, kinderleicht denkt man. Ein ideales Spiel für Enkelkind und Opa. Also los!

»Komm, Jonna, lass uns mal das Pferde-Memory spielen.«

»Oh ja!«

Und Jonna schüttet schon mal die Legekarten auf den Fußboden und dreht alle mit dem Bild nach unten. Die Karten werden aber von ihr nun nicht, wie Opa das eigentlich wollte, systematisch ausgelegt, quadratisch, jeweils fünf Karten in einer Reihe, sondern chaotisch, kreuz und quer auf dem Boden verteilt. Da sieht Opa schon mal seine Hoffnung auf einen Sieg schwinden. Und in der Tat, er hat keine Chance gegen sie, die ungeplant vorgeht, aber doch in der Lage ist, sich die richtigen Karten zu merken und sie dann miteinander aufzudecken. Obwohl er sich diesmal konzentriert hat, endet auch der zweite Versuch mit einer Niederlage. Opa ist ein bisschen enttäuscht von sich, dass ihm es nicht gelungen ist, sein Enkelkind zu schlagen. Woran liegt das nur? Sind seine Gehirnzellen bereits so weit abgestorben, dass er keine Chance mehr hat mitzuhalten? Sind seine Synapsen so schlecht vernetzt, dass man sich Sorgen machen muss? Er kommt ins Grübeln.

Das merkt auch Jonna und sagt: »Ach, Opa, das macht doch nix, ist doch nur ein Spiel.«

»Noch mal!«, sagt Opa.

Diesmal muss es doch klappen, denkt er. Anscheinend mühelos brutal deckt Jonna die Karten auf und stapelt ihre gewonnenen Karten vor sich auf. Er verliert wieder. Jonna schiebt ihren Kartenhaufen gegen die wenigen Karten von Opa – der sichtbare Beweis einer haushohen Niederlage.

»Können wir nicht mal was anderes spielen?«, fragt Opa.

»Oh ja«, sagt Juli. Sie läuft zum Spieleschrank und kommt mit einem anderen Spiel zurück.

»Zeig mal, was ist das?«

»Ein Hunde-Memory«, sagt sie strahlend.

Und was sagt uns das?

☞ *Wer nicht verlieren kann, sollte nicht mit Kindern Memory spielen.*

53

Wie man beim Aufhängen einer Jacke ins Grübeln kommt

Die Tochter ist mit der Enkelin zu Besuch. Opa hängt den Mantel seiner Tochter auf einen weiß lackierten Kleiderbügel in der Garderobe. Bisher hat er ihn sich noch nicht so genau angesehen. Heute fällt er ihm auf. Auf dem Bügel steht: »Otto Golz Seeburg i. Ostpr.« Ostpr.?

Ostpreußen! Seeburg in Ostpreußen gibt es nicht mehr. Heute ist Seeburg Jeziorny und gehört zu Polen, dicht an der russischen Exklave des Kaliningrader Gebietes. Damals deutsch, heute polnisch. Auf der anderen Seite des Bügels steht: »Bleyle die Kleidung, in der man sich wohlfühlt Bleyle.« Es wird dem Bügel wohl egal sein, ob auf ihm ein Deutscher, ein Russe, ein Pole oder wer auch immer seine Jacke aufhängt.

»Wo kommt denn der weiße Bügel her?«, fragt er seine Frau.

»Der hängt seit zehn Jahren da, seit Mutter tot ist.«

Den hat seine Schwiegermutter aus Ostpreußen mitgebracht. Sie lebte dort und musste dann Hals über Kopf von dort flüchten.

Mit einem Kleiderbügel auf die Flucht gehen? Was sie wohl damals in Seeburg in Ostpreußen gekauft hat? Einen Mantel, ein Sommerkleid, eine Jacke? Musste sie den Bügel kaufen, oder kriegte sie ihn dazu? Und was ist aus Otto Golz geworden? Ist er auch auf die Flucht gegangen, wurde er umgebracht, ist er ertrunken in der eisigen Ostsee, von Bomben zerfetzt, oder hat er überlebt?

Und wenn er überlebt hat, wo ist er gelandet? In der sowjetisch besetzten Zone? Im amerikanischen, britischen oder französischem Sektor? Wie lange hat er dann noch gelebt? Konnte sich seine Familie retten? Was heute noch an Otto Golz erinnert, ist der hölzerne weiß lackierte Bügel. Nichts bleibt von ihm, irgendwann landet auch der Bügel im Abfall. Noch hängt er aber mit seinem Namen hier, und dem Bügel ist es egal, dass er für den Betrachter etwas Besonderes ist. Er ist ein Flüchtlingsbügel, der hier gelandet ist. Er fügt sich ein auf der Garderobenstange, aber er fällt auf den zweiten Blick doch auf, weil er so schön altmodisch ist, die Farbe und die Buchstaben abbröckeln.

Was nimmt ein heutiger Flüchtling mit? Einen Kleiderbügel? Oder doch eher sein Handy? Ein paar Fotos von seiner Familie? 1945 wusste man, in welche Richtung man flüchten musste – von Ost nach West. Heute weiß man das auch – man flüchtet von Süd nach Nord. Damals waren Flüchtlinge nicht gern gesehen – heute auch nicht. Damals wurden die Flüchtlinge in Privatwohnungen einquartiert – heute in Wohncontainern. Damals blickten die Leute mit deprimierten Gesichtern in die Zukunft. Heute sitzt ein Teil der Flüchtlinge auf der Bank und guckt mit deprimierten Gesichtern auf ihre Handys. Die Zeiten, die Sitten, die Gebräuche ändern sich, die Problematiken bleiben.

Und da die Probleme bleiben, wie werden seine Enkelkinder ihre Zukunft meistern? Gibt ihnen das Leben eine Chance? Werden sie auch einmal auf die Flucht gehen müssen? Was nehmen sie dann mit? Einen Kleiderbügel?

Opa macht sich nun mal Sorgen. Um sein Leben, seine Zukunft, das weiß er, geht es schon lange nicht mehr, wohl aber um das Leben seiner Enkelkinder. Was werden sie erleben? Jetzt wo Populisten für viele wieder wählbar geworden sind. Die Demokratie, eine Initiative, eine Idee von Spinnern? Europa eine Schnapsidee? Wahre, große Politik können nur große Führer machen? Führer, die wissen, wo es langgeht?

Deutschland zuerst! Amerika zuerst! Russland zuerst! Die Türkei zuerst! Na prima! Was ist das denn für eine Zukunft.

Jonna steht neben ihm und schaut ihn mit großen Augen an.

»Opa, was hast du denn?«

»Ich hab nichts, das sieht eben manchmal so aus, als wenn man was hat. Ich denke eben manchmal so nach, weißt du? Ich bin ja nun ein alter Mann, da kann es schon mal sein, dass man auch mal Angst kriegt.«

»Aber hier ist doch nix, Opa. Das bin doch nur ich. Da brauchst du doch keine Angst haben.«

»Ach so, dann ist ja alles gut.«

Und was sagt uns das?

☞ *Die Unbekümmertheit eines Kindes lässt trübe Gedanken verfliegen.*

54

Wie Opa durch eine Tatort-Folge im Fernsehen angeregt wird, über die Zukunftsaussichten seiner Enkelkinder nachzudenken

Der *Tatort*-Krimi, der an diesem Sonntag läuft, zieht Opa in den Bann. Ein junger Mann spricht in eine Videokamera und erklärt, dass er seine von ihm entführten Eltern umbringen wird und sich auch. Er will damit ein Zeichen setzen, auf die Zustände in der Gesellschaft hinweisen, auf Leistungsdruck und schlechter werdende Zukunftsperspektiven. Vor dem Hintergrund des Selbstmordes seiner Freundin – sie stürzte sich aus dem Fenster, weil sie sich dem brutalen Leistungsdruck nicht gewachsen fühlte – will er durch seine Aktion der Gesellschaft aufzeigen, in welcher brutalen Welt sie lebte. Das Leiden der Generation Y, also die Generation, die in den Jahren vor der Jahrtausendwende geboren wurde, der heute 25-Jährigen.

Im Film erzählt eine Protagonistin von einem Professor, der die Existenzangst der jungen Leute schürt: »Gucken Sie mal nach rechts und dann nach links. Was fällt Ihnen auf? Nichts? Doch mir schon!

Nur die Hälfte aller hier Anwesenden wird das Examen schaffen. Die anderen werden herausfallen, scheitern an den Ansprüchen, die die Universität an sie stellt.« Am Ende nimmt der Film eine konsequente tragische Wendung. Der Student wird von Polizisten erschossen.

Was ist falsch gelaufen bei der Generation Y?

Haben die Eltern dieser Generation etwas falsch gemacht? Impften sie ihren Kindern ein, dass sie etwas ganz Besonderes sind: ein wunderbares Fabelwesen, das durch die unberührte Natur springt und sich an frischem Quellwasser labt und es durch pure Anwesenheit verdient hat zu leben?

Und so kommt Opa mal wieder ins Grübeln. Wie werden seine vier Enkelkinder mit ihrem Frust umgehen, wenn die Realität zu ihnen sagt: »Moment mal, du kleines Licht. Begreife, dass du nichts Besonderes bist, kein leuchtendes blaues Einhorn mit langer lila Mähne, riesengroßen Augen, langen Wimpern und silbernen Sternen auf deinem Hintern. Du bist ein ganz stinknormales Wesen wie Milliarden andere Menschen auch. Du hast dich gefälligst den Anforderungen der Gesellschaft zu stellen. Und wenn du nicht bald aus deinen Träumen erwachst, dann hilft es vielleicht, wenn ich dir links und rechts eine schallende Ohrfeige verpasse.«

Wie wird man die Generation nennen, zu denen die vier gehören werden? Mit welchen Problemen haben sie fertig zu werden? Wie verhält man sich, wenn das Enkelkind vom Pferd fällt und mit blutender Nase heulend vor einem steht? Trösten?

Oder sollte man sagen: »Stell dich nicht so an. Das passiert nun mal. Wer fällt, muss auch wieder aufstehen. Und je schneller du das tust, umso besser. Sei froh, dass du dir nichts gebrochen hast. Also, beiß die Zähne zusammen und setz dich gefälligst wieder aufs Pferd.«

Opa weiß natürlich nicht, in welche Zeit die Kinder hineinwachsen. In Anbetracht der heutigen, eher deprimierenden Entwicklungen werden sie es mal später wohl nicht leicht haben.

Er wird ihnen aber in jedem Fall seine Liebe zukommen lassen, versuchen, ihre Persönlichkeit zu stärken, und ihnen keine deprimierenden Vorhersagen machen.

Und was sagt uns das?

☞ *Die Hoffnung bleibt, dass auch die Enkelkinder eines Tages verstehen: Sie sind für die Großeltern immer etwas Besonderes.*

55

Wie man auch ohne Enkelkinder überleben kann

Wenn man Kinder hat, so ist das schon mal eine gute Voraussetzung, um später einmal Enkel zu haben. Das heißt aber noch lange nicht, dass man dann auch welche bekommt. Viele Gründe gibt es dafür, dass die Kinder auf Kinder verzichten oder verzichten müssen. Nur sollte man sich davor hüten, seine Kinder mit dem Enkelwunsch zu nerven. Es gibt ja Dinge, die man auch ohne Enkel machen kann, wo sie eher stören würden.

Es gibt ja auch genügend Großeltern, die zwar Enkel haben, sich aber weigern, den Babysitter und Betreuer zu spielen.

»Da sollen die Kinder mal selber mit klarkommen. Mussten wir ja auch und haben es geschafft. Hat ja weder uns noch den Kindern geschadet. Wir sind froh, dass wir damit durch sind. Jetzt wollen wir unsere restliche Zeit genießen. Ohne Verpflichtungen. Das haben wir uns verdient.«

So könnte man zum Beispiel:
1. Kreuzfahrten machen
2. Kreuzworträtsel lösen
3. auf dem Jakobsweg nach Santiago de Compostela pilgern
4. den Garten mit Betonplatten auslegen, weil dann die lästige Gartenarbeit, das Unkrautjäten, wegfällt

5. eine Currywurstbude aufmachen
6. Postkarten aus dem Urlaub schreiben
7. sich auf die Zugspitze setzen und ins Tal gucken
8. an der Volkshochschule Spanisch lernen
9. Saxofon spielen lernen
10. auf dem Old Course in St. Andrews, Schottland, Golf spielen lernen
11. in eine Partei eintreten
12. bei der Bahnhofsmission arbeiten
13. bei der Gemeinde Flüchtlinge betreuen
14. in einen Schachklub eintreten
15. sich in England in einen Pub setzen und einen Whisky trinken
16. mit dem Rennrad über die Alpen fahren
17. Leserbriefe an die Zeitung schreiben
18. den ganzen Tag rückwärts laufen
19. eine Diät machen und danach auf die Waage steigen
20. seine Frau lieben
21. sich auf den Kopf stellen
22. zum Yogakurs gehen
23. im Winter bei Minusgraden in die Ostsee springen
24. ins Museum gehen und sich zum 100. Mal die Bilder von Caspar David Friedrich ansehen

Die Liste könnte beliebig weitergeführt werden.

Und was sagt uns das?

☞ *Auch ein Leben ohne Enkelkinder kann schön sein, das Leben mit Enkelkindern ist erfüllter.*

56

Wie man sich schon mal Gedanken über die Berufswahl der Enkelkinder machen kann

Für eine ernsthafte Überlegung, was die hoffnungsvollen Enkelkinder einmal werden können, ist es im Moment bei Jonna, Jente, Juli und Liv wohl noch zu früh. Trotzdem machen Oma und Opa sich schon mal so ihre Gedanken.

Bei Jonna lassen sich bereits Ansätze einer späteren Berufsentwicklung erkennen, entweder Spring- oder Dressurreiterin oder Tänzerin in einer Theaterrevue. Dass die Reiterei einmal ein Beruf für sie sein könnte, ergibt sich aus dem Umfeld, in dem sie groß wird – der Ponyhof. Aber auch das weiß Jonna ja schon, das Leben ist nun mal kein Ponyhof. Alternativ tanzt sie täglich vor dem Fernseher bei Gruppentänzen mit, die irgendwelche Tanzstudios mit jungen Mädchen eingeübt haben. Sie wirft die Arme nach oben, die Hüfte kreist im Takt, sie rollt sich auf dem Fußboden und kommt beneidenswert schnell wieder in die Senkrechte. Das Ganze wird mit solcher Ernsthaftigkeit gemacht, dass man sie schon als Go-go-Girl in einer Disco sieht. Aber – ob das so erstrebenswert ist? Vielleicht geht dann ja auch die *Let's Dance*-Fernsehreihe in die 20. Runde. Die Tänzerinnen dort sind ja wirklich eine Augenweide und haben bestimmt alle Möglichkeiten, sich eine gute Partie zu schnappen. Na, man wird sehen.

Laut Umfragen wollen Jungen von drei bis neun Jahren Fußballer, Polizist oder Feuerwehrmann werden. Mädchen in dem Alter würden gern Tierärztin, Tierpflegerin oder Krankenschwester werden.

Wenn sie dann wirklich so weit sind, sich Gedanken über den Beruf zu machen, verändern sich die Vorstellungen über den Beruf ein wenig. Mädchen wollen dann Lehrerin, Ärztin oder Krankenschwester, Jungen Informatiker, Kfz-Techniker oder Arzt werden.

Auf die Frage an Jente, was sie denn später einmal machen will, sagt sie: »Wenn ich mal groß bin, kaufe ich mir einen Deo-Stift.«

Bei Juli ist schon klar, was sie werden will: Prinzessin!

Und Liv? – muss erst einmal ihre Umwelt wahrnehmen können.

Und was sagt uns das?

☞ *Die Entscheidung, welchen Beruf die Enkelkinder einmal wählen werden, kann nur die Zeit beantworten.*

57

Wie ein Großvater sein Leben ohne Enkelkinder einrichten musste

Beim Aufräumen ist dem Erzähler ein über 70 Jahre alter Brief in die Hand gekommen. In dem schreibt der Großvater dem Bruder des Erzählers Glückwünsche zum Geburtstag:

Potsdam, den 2. April 1945

Lieber Rüdiger!
Am 15. April wirst Du nun schon fünf Jahre, und Dein Großvater weiß gar nicht mehr recht, wie Du eigentlich aussiehst. Ob Du noch weißt, wie Dein Opa aussieht? Er konnte so schön in Niklasberg wie ein Ochse brüllen. Weißt Du noch? Aber jedenfalls wünsche ich Dir von Herzen zum Geburtstage alles Gute und hoffe, daß Du im neuen Lebensjahr zur Freude Deiner Mutter und Deines Brüderchens Dietrich heranwachsen u. Dich aufführen mögest! Nicht mehr bockig sein, wie es Deinem Opa in der Erinnerung vorkommt. Nicht die anderen Kinder ärgern! Jetzt geht es bald zur Schule! Da gut aufpassen, sonst betrübst Du den Lehrer! Hoffentlich kommt Dein Vater, von dem wir seit langem nichts hörten – sein Aufenthalt am Monte Bel-

vedere wurde neulich im Heeresbericht erwähnt –, bald siegreich und unverwundet wieder, das wäre der größte Wunsch, den ich zu Deinem Geburtstag hätte. Und möge das neue Lebensjahr Euch vor einer Landung behüten, von der als drohend noch immer gewarnt wird. Z. Zt. habt ihr es wohl am besten von uns allen.

Gern hätten wir Dir zum Geburtstag den Roller geschickt. Aber weder Post, noch Eisenbahn wollen ihn wegen Sperre z. Zt. annehmen. Da ist leider nichts zu machen.

Uns geht es so lala. Die Russen kommen langsam näher. Das wißt Ihr ja aus dem Heeresbericht. Wir haben viele Flüchtlinge in der Stadt. Das macht das Leben hier recht unbehaglich. Großmutter muß z. Zt. in den Geschäften anstehen u. hat viel zu tun. Dazu der Mangel jeder Verbindung mit den Verwandten; die meisten sind ja von Feinden besetzt oder ausgebombt. Wir bekommen kaum noch Post. Ob dieser Brief überkommt? Von Dir erhielten wir auch länger nichts, ich auch nicht, Antworten auf meine Fragen, ob Du das Wertpaket u. die polizeilich beglaubigte Auskunft der Sparkasse Berlin erhalten habest? Liselotte ist noch im Standortlazarett u. hat gleichfalls viel zu tun. Dazu noch die vielen Alarme, die mehrere Wochen lang allabendlich gingen. Aber das weißt Du ja alles aus dem Radio.

Unsere Einquartierung drängt auch fort von hier zu einem Bruder der Frau nach Sachsen. Sie war ganz angenehm u. hat Mutter und dem Garten sehr geholfen. Wen mögen wir dann bekommen? Manche hatten Leute, die noch nie ein Klo gesehen hatten. Die hinterließen sehr üble Erinnerungen. – Ulla Schmidt hat uns vorgestern für immer verlassen. Ja, man kann nichts weiter tun als abwarten, was der nächste Tag bringt, u. muß sich bescheiden u. hoffen, daß man ihn ohne viel Ärger lebend übersteht. Am Sonnabend war Brandenburg dran, u. da hörte man die Einschläge bis nach hier. Wir sind um gute Bekannte dort sehr um Sorge.

Das wäre wohl alles: Großmutter u. Liselotte werden wohl ziemlich dasselbe schreiben. Übrigens: Das Geld für das Auto ist noch immer nicht da.

Viele Grüße, lieber Enkel, Dir, Deiner Mutter und dem Brüderchen von Eurem Großvater

Und was sagt uns das?

☞ *Die Sorgen der Großväter aus früheren Tagen waren ganz andere. Die heutigen sind dagegen im Moment lächerlich. Was die Zukunft bringt, weiß man nicht.*

58

Wie man unterschiedlich Schnee sehen kann

Schnee lässt einen nicht kalt. Dabei setzt der sich doch nur aus gefrorenen Tröpfchen zusammen, die sich an Staubteilchen anlagern, in der Luft zu Eis werden und dann niederfallen. Die Menge macht es dann. Bei den Großeltern löst Schnee ein Stimmungstief aus. Die Gefahr besteht, dass sie nun nicht zu den Enkeln fahren können. Die Verkehrsnachrichten werden eingeschaltet. Der Straßenzustandsbericht spricht davon, dass Schnee und Schneematsch das Fahren in der Region erheblich beeinträchtigt.

»Sie müssen vereinzelt mit Schneeverwehungen rechnen. Seien Sie besonders vorsichtig im Raum Segeberg – Plön. Der ADAC rät davon ab, wenn es nicht unbedingt nötig ist, den Wagen zu benutzen.«

Bei den Enkelkindern löst Schnee Begeisterung aus. Sie stehen mit erwartungsvollen großen Augen am Fenster.

Jonna: »Es schneit, es schneit! Ich fasse es nicht! Ich kann es einfach nicht fassen!«

Und so stürmt sie hinaus.

»Halt! Halt! Erst mal richtig anziehen!«

Sie steht minutenlang im fallenden Schnee und streckt ihre Zunge raus, auf der die Flocken schmelzen. Die Landschaft verändert sich, der Schnee dämpft alle Geräusche. Ein Zauberland entsteht für die Enkelkinder. Die Tannenzweige, die vom Schnee ganz niedergedrückt sind, werden mit einem Stock von der Last befreit. Und begeistert sehen sie, wie der Ast wieder in seine ursprüngliche Haltung zurückspringt. Dabei rieselt der Schnee durch die Luft.

»Ich fass es nicht!«

Ein Schneemann wird gebaut, und eine Schneeballschlacht ist vonnöten. Ein Schneeball – zusammengedrückter Schnee, der sich am besten dann zu einem Ball zusammendrücken lässt, wenn er besonders pappig ist. Vom Dach hängen Eiszapfen, die man abschlagen und an ihnen lecken kann, wie an einem Speiseeis. Sich rückwärts in den Pulverschnee fallen lassen und dann die Arme und Beine bewegen.

»Kuckt mal, ein Schmetterling im Schnee!«

Den Schnee festtreten und daraus eine Rutschbahn machen. Der Schlitten wird rausgekramt. Weil er jahrelang nicht im Einsatz war, zeichnen sich anfangs rostige Spuren von den Kufen im Schnee ab. Dann geht es wieder in die warme Stube, wo die Hände anfangen zu kribbeln und der »Daumenzeh« an der Heizung sich langsam wieder belebt.

Über Nacht ist dann der Schneespuk plötzlich wieder vorbei.

»Oh wie schade! Noch mal!«

»Ich bin die Eiskönigin! Sccchh! Alles wieder neu!«

Aber das müssen die Enkelkinder dann doch einsehen – die Eiskönigin wird es wohl nicht schaffen, den alten Zustand wiederherzustellen. Der Schnee von gestern kommt nicht zurück.

Etwas Gutes hat ja das Tauwetter. Man kann wieder ungefährdeter zu den Enkelkindern.

Und was sagt uns das?

☞ *Auf dem Schnee von gestern kann man nicht mehr Schlitten fahren, aber dafür hat man heute wieder freie Fahrt zu den Enkelkindern.*

59

Wie man lernt,
mit einem Hexenschuss zu leben

Opa hat Lumbago. So sagen gebildete Leute und Ärzte. Opa sagt, er hat Rücken oder einen Hexenschuss. Macht sich als stechender Schmerz im Lendenbereich bemerkbar. Aus dem Nichts ist er gekommen. Eben noch beschwerdefrei mit seiner Frau Tischtennis gespielt, und dann, plötzlich, beim Aufheben des Tischtennisballes war er da. Der stechende Schmerz. Aufstehen aus gebückter Haltung. Er fällt mit schmerzverzerrtem Gesicht in eine Schonhaltung. Die wiederum wird mitleidig wahrgenommen.

»Oh, was war das denn? Du siehst aus und gehst wie ein uralter Mann.«

Da soll er sich doch eine Spritze vom Arzt holen. Und Wärme ist gut. So ein Wärmepack von der Apotheke holen, hält acht Stunden. Ab jetzt rückenschonend verhalten, keine schweren Lasten tragen, ungeschickte Bewegungen vermeiden. Aber es kann trotzdem mehrere Wochen dauern.

»Oh, Mann, willst du nun ständig mit deiner rechten Hand im Rücken und gebeugter Haltung durch die Gegend wandern? Soll ich dir 'ne Gehhilfe besorgen?«

»Ne, eigentlich nicht. Mal sehen, was kommt. Ob es je wieder besser wird?«

Er ist wirklich in Schwierigkeiten. Morgens ist es am schlimmsten. Schon das Aufstehen ist ein Problem. Ein Haltegriff, wie er in Krankenhausbetten üblich ist, wäre jetzt hilfreich. Zum Glück schläft seine Frau noch und kriegt von dem Elend nichts mit. Wie kommt man schmerzfrei in die Hose? Eine Hand am Türrahmen, die andere hält die Hose und versucht durch lockeres Schwingen, die Beinöffnungen in die richtige Position zu bringen.

Lacht da jemand?

Seine Frau ist unter der Bettdecke verschwunden und gluckst in sich hinein.

»Entschuldigung, Schatz. Das sieht aber auch zu komisch aus.«

Er verzichtet heute auf die Socken. Vielleicht lassen es die Temperaturen zu, barfuß zu gehen. Wie soll das weitergehen? Was ist, wenn das Enkelkind fordert: »Opa, Arm!«?

Dann kann er doch nicht sagen: »Nein, das geht nicht. Ich hab ganz dolle Rückenschmerzen.«

Dann müsste er vielleicht mit der Schmach leben, dass es sagt: »Opa, du bist ein alter Mann. Oma, Arm!«

Beim nächsten Besuch bemüht sich Opa, locker aus dem Wagen auszusteigen. Er fällt mit schmerzverzehrtem Gesicht in den Sitz zurück. Freudestrahlend läuft ihm Jente auf dem Parkplatz entgegen.

»Opa, was hast du denn?«

»Ich hab so dolle Rückenschmerzen.«

»Opa, ich zaubere dir die Schmerzen weg! Hex, hex – ssssssch!«

Sie fuchtelt wild mit der rechten Hand vor Opas Nase herum. Opa kneift sich ein verkrampftes Lächeln ab und meint: »Oh ja, ein bisschen hat es schon geholfen.«

Und was sagt uns das?

☞ *Auch Enkelkinder wissen schon, warum es Hexenschuss heißt.*

60

Wie man sich Gedanken über andere Kulturen machen kann

Opas Nachbar ist immer noch sehr umtriebig. Er nimmt Anteil an seiner Umwelt. So engagiert er sich bei der Betreuung der Flüchtlinge. Er repariert mit ihnen Fahrräder. Das bewundert Opa. Er selbst wäre dazu viel zu träge, will das nicht mehr, will lieber zu seinen Enkelkindern und dort Betreuung leisten. Die Geschichten, die der Nachbar allerdings erzählt, findet Opa schon sehr interessant.

Vor Kurzem traf er auf Ismael. Er ist aus Syrien, hat ein Handy und spricht schon recht gut deutsch. Wenn er angerufen wird, hört sich der Klingelton an, als ob der Muezzin zum Gebet ruft. Den hat er nun auf Beratung durch Opas Nachbarn umgestellt. »Wenn du dich gerade irgendwo vorstellen willst – bei einer Arbeitsstelle. Und dann geht dein Handy los. Was meinst du wohl, wie gut das da ankommt? Gar nicht gut. Und überhaupt – bei den Deutschen – du bist in einem Geschäft, und dein Imam fängt plötzlich an zu singen. Da schmeißen sich die Ungläubigen vor Angst doch gleich unter die Ladentisch und rufen die Polizei.« Jetzt hat sich Ismael auf sein Handy einen neutralen Klingelton geladen.

Ismael hat auch eine Freundin. Die hat er noch nie gesehen, nur auf einem Foto. Sie trägt ein weißes Kopftuch. Er telefoniert jeden Tag stundenlang mit ihr. »Wie bist du denn auf sie gekommen?«, hat mein Nachbar ihn gefragt.

»Ihre und meine Familie kennen sich, und so sind die Familien übereingekommen, dass wir zusammenkommen sollten.« Fadmire wohnt in Saudi-Arabien.

»Hast du denn nicht auch mal Lust, sie näher kennenzulernen? Also, so richtig.«

»Ja, das schon, aber erst einmal muss man verheiratet sein, wenn man so was machen will.«

Ob er denn so lange warten will oder kann.

»Ja, natürlich, sie ist ja noch Jungfrau.«

»Wie alt bist du denn?«

Er sei 31 Jahre und noch Jungfrau, oder besser Jungmann.

»Da hast du ja schon die beste Zeit deiner sexuellen Aktivität hinter dir.«

»Das ist mir egal, das ist nun mal bei uns so üblich.«

Opa kommt ins Grübeln. Welchen Einflüssen werden seine Enkelkinder ausgesetzt sein? Haben sie im späteren Leben eine Chance, zu sich selbst zu finden, werden sie fremdbestimmt durch Religionen, durch wirtschaftliche Zwänge oder politische Einflüsse, die heute noch gar nicht abzusehen sind?

Aber darüber muss sich Opa eigentlich keine Gedanken machen. Das bestimmt er nicht, sondern seine Enkelkinder und die Bedingungen der Zeit.

Und was sagt uns das?

☞ *Opa hat keinen Einfluss auf den Lauf der Zeit. Aber er hat einen Anteil daran, die Enkel positiv in die Zukunft blicken zu lassen.*

61

Wie nicht großeltrige Freunde Opa beneiden

Sensibel wie Opa ist, verzichtet er darauf, seinen Freunden Bilder oder Filme seiner Enkelkinder zu zeigen. Meistens jedenfalls. Wenn das Drängen »Nun zeig doch mal« zu stark wird, gibt er nach. Er schaltet Omas Smartphone ein und zeigt stolz, wie sich seine Jonna verkleidet und zu einem Rap getanzt hat. Die Reaktionen sind aus seiner Sicht aufgesetzt begeistert. »Die ist ja so niedlich!«

Doch die Nachfragen sprechen eine andere Sprache als Desinteresse. »Wie oft seht ihr eigentlich die Kleinen? Bringt das nur Spaß, oder ist das auch anstrengend?«

Der Großvater kommt ins Schwärmen, ist aber auch ehrlich, dass ihn das Babysitten manchmal an seine Grenzen bringt. Plötzlich bricht aus den Nichtgroßeltrigen die Sehnsucht heraus:

»Meine Tochter ist 27, mein Sohn zwei Jahre älter. Partnerschaften sind schon da, aber die Karriereplanung steht noch vor einer Familienplanung. Ob ich noch mal Enkelkinder erlebe, weiß ich nicht. Irgendwie schade. Wenn ich ehrlich bin, beneide ich dich um deine neuen selbst auferlegten Pflichten.«

Der Beneidete fühlt sich verpflichtet zu trösten.

»Na hör mal. Viele der heutigen Generation beginnen ihre Familienplanung erst mit 40. Da ist doch noch gar nichts gelaufen!«

Dieser Trost stößt auf Skepsis.

»Mit 82 noch mit den Enkelkindern spielen? Wie stellst du dir das denn vor? Ich seh das vor meinem geistigen Auge, wie ich da mit dem Lütten auf dem Fußboden sitze und mit den Legosteinen spiele, und keiner ist da, um mir beim Aufstehen zu helfen. Nö, lass mal. Das wird nichts mehr.«

Opa zeigt zwar Mitgefühl, kann aber nicht ganz verhehlen, dass er die Gnade, Großvater sein zu dürfen, zu schätzen weiß. Ehrlicherweise muss er aber zugeben, dass es mit dem Aufstehen bei ihm auch nicht mehr so ganz locker geht.

Und was sagt uns das?

☞ *Enkelkinder zu haben, ist eine Gnade, die nicht alle teilen dürfen.*

62

Wie man sich erinnert, selbst ein Enkelkind gewesen zu sein

Der Erzähler hat leider keine Großeltern gehabt, das heißt, er hatte schon welche, die aber nie in seinem Leben präsent waren. Da hilft es, wenn man sich Hilfe von außen holt, in diesem Fall von dem besten Freund, der einen besonderen Zugang zu seinen Großeltern hatte:

Ein Perspektivwechsel soll ja manchmal helfen. Den kann man sich ganz bewusst zu eigen machen. Selten kommt er ganz von alleine. Kommt aber vor. Es kommen ihm Erinnerungen aus der eigenen

Kindheit. Ja, auch er war mal Enkelkind. Wie war das damals eigentlich vor über 60 Jahren?

Oma und Opa waren damals alt. Uralt. Sie waren schon über 50. Sein Großvater hatte schwer verletzt den Ersten Weltkrieg überstanden.

Plötzlich sind Bilder da. Oma, die ihr Leben lang Hausfrau war, steht singend in der Küche und bereitet das Mittagessen zu. Es gibt Makrele mit Bechamelsoße und Salzkartoffeln, weil ihr Enkelsohn sich das gewünscht hat. Die Fische hat sie vom Nachbarn, einem leidenschaftlichen Angler, geschenkt bekommen. Opa kommt pünktlich in seiner Mittagspause um halb eins zum Essen.

Danach folgt das, was Opa bestimmt nicht aus südlichen Ländern kennt. Die Siesta in Form eines halbstündigen Nickerchens auf der Couch im Wohnzimmer. Der Enkel darf sich dazukuscheln. Das wird ihm einmal zum Verhängnis. Er schläft neben Opa ein, hat aber das Kaugummi vergessen. Ein Kaugummi war ja etwas Wertvolles, was man nicht schon nach einer Stunde der Kaubehandlung ausspuckte. Nach einer halben Stunde seligen Schlummerns stellte Opa nüchtern fest, dass sich das Kaugummi in den Haaren seines Enkels befand. Da half kein Kamm, da half kein Haarewaschen. Da half nur der Gang zum Friseur. Opas Enkel wurde nicht ganz freiwillig ein Mecki geschnitten. Hat er auch überlebt.

Hängen geblieben ist auch das Bild von Oma, wie sie ihrem hungrigen Enkelsohn ein Butterbrot zubereitet. Der Kleine ist gerade vom Kibbel-Kabbel-Spielen nach Hause gekommen. Oma hält den halben Laib Brot vor dem Bauch und schneidet mit einem großen Messer eine dicke Scheibe Mischbrot ab. Die wird dann dick mit Butter bestrichen und mit selbst gemachter Blutwurst belegt. Ein besonderes Geschenk für den Kleinen, denn er kennt von seiner Mutter nur die Klappstulle. Die sparte bei der immer prekären Haushaltslage viel Geld.

Und dann das Geschichtenerzählen von Opa. Vieles drehte sich um spannende Erlebnisse im Ersten Weltkrieg. Über Leid und Elend wird nicht gesprochen.

Opa weiß ihn auch zu begeistern, wenn er einen Stapel Din-A4-Papier aus der Dienststelle mitbringt. Er führt ihn in die Kunst des »Schwalbe-Bauens« ein. Der Enkel ist fasziniert davon, wie man mit wenigen Kniffen ein Blatt Papier in einen Gleiter verwandeln kann. Wenn die Sonne scheint und der Wind nicht zu heftig weht, können sich die Opa-Segelflieger über eine Minute in der Luft halten.

Oma und Opa haben ihn geprägt.

Und was sagt uns das?

☞ *Sich an seine eigenen Großeltern erinnern zu können ist nicht jedem vergönnt.*

63

Wie man die Bücher von Joachim Meyerhoff lesen kann

Auf der Suche nach einem guten Buch über Großeltern, Großmütter oder Großväter stößt Opa zufällig auf Meyerhoff. Wer ist das?

Joachim Meyerhoff ist ein Schauspieler. Vor einigen Jahren spielte er im Hamburger Schauspielhaus Goethes *Faust*. Wie war das damals? Opa erinnert sich.

Da ist zunächst Edgar Selge zu nennen. Der spielte den Faust – beeindruckend. Mit der Rolle des Mephisto war Joachim Meyerhoff betraut. Der tobte durch die Reihen und spielte abgrundtief böse den Höllenhund. »Sympathy for the devil«, wie die »Stones« es singen, kam da nicht auf. Am Ende der Veranstaltung gab es »Standing ovations«, nicht enden wollenden Beifall. Meyerhoff trat am Ende der Begeisterungsstürme aus seiner Mephistorolle heraus und lud, wer denn noch Lust hat, zu einer Lesung ein, die im Übungssaal des Schauspielhauses stattfinden sollte.

Dort las und erzählte er aus seinem Leben, das sehr stark von seinen Großeltern geprägt worden ist. Ein ganz besonderes Paar. Großmutter war Schauspielerin und Großvater Philosophieprofessor. Besonders seine Großmutter nimmt aus ihrer Sicht an seinem Leben teil. Als er einmal mit einem Tattoo, gestochen auf der Reeperbahn, nach Hause kommt, sagt sie zu ihm: »Du hast da was am Arm. Mach das mal weg.«

Nach der Schule geht er nach München zur Schauspielschule und lebt dort bei seinen Großeltern, weil er kein Zimmer findet. In der Schauspielschule muss er lernen, mit Frust umzugehen. Texte behalten, schwierig, schwierig. Und so heißt auch eins seiner Bücher: »Ach, diese Lücke, diese entsetzliche Lücke«. Wenn er nach Hause kommt, taucht er in die Welt seiner Großeltern ein und lässt sich vereinnahmen von den Ritualen der beiden.

Der Alkohol spielt im Leben der Großeltern eine wichtige Rolle: Morgens Whiskey, mittags Weißwein, nach 18 Uhr Rotwein, Whiskey, manchmal auch in umgekehrter Reihenfolge. Großmutter begleitet fast alles mit: »Mooah!« oder »Mooooah!« Daraus lässt sich nicht ablesen, ob das nun eine Zustimmung oder eine Missbilligung ist.

Er bleibt bei ihnen drei Jahre, bis er die Schauspielschule verlässt, bei seinen, wie er sagt: »überaus geliebten Großeltern«. Die Anekdoten sind in einer lustigen, kurzweiligen und unangestrengten Art geschrieben, dass man das Buch einfach nicht zur Seite legen kann.

»Champagner!«

»Mooooooooaaaaahhhhhhhhhhhh!«

»Ahh, tut das gut.«

Ein Buch für Großeltern eben.

Und was sagt uns das?

☞ *Großeltern können Enkelkinder beeindrucken.*

64

Wie man mit einer Krähe
ins Gespräch kommen kann

Opa liebt nicht unbedingt Krähen. Die sind ihm zu hässlich, zu schwarz, zu laut, kacken hemmungslos überallhin. Ja, ja, der Schöpfer oder die Schöpfung entwickelt eben nicht unbedingt das, was für den Menschen nötig ist, sondern das, was möglich ist – wie erklärt man sich sonst die Existenz dieser Vögel.

Aber doch, merkwürdig, ohne sie, ohne die Krähen wäre das Leben nicht besser, denn wenn er, selten genug, in den Garten geht, sitzen sie auf dem nächsten Baum und krächzen, so als wollten sie sagen: »Kann ich dir helfen?«

Oder: »Sieh mal zu, dass du die Erde richtig aufreißt, damit ich was davon habe. Vielleicht finde ich dann ja einen Wurm oder so.«

Und so antwortet Opa: »Also, hör mal. Ich bin hier nicht dein Diener, der für dich den Tisch deckt. Da musst du schon selber in Gang kommen. Sag mal, ihr seid doch soziale Wesen. Ihr siedelt doch immer in großen Systemen, in so Kolonien, wie hier bei uns am Bahnhof. Da baut doch keiner sein Nest für sich allein. Wie ich so festgestellt habe, unterhaltet ihr euch ja auch ganz intensiv. Geht das da um euren Nachwuchs, um eure Enkelkinder? Habt ihr Erziehungsprobleme?«

Und wie in einem Wunder antwortet die Krähe: »Na klar, wir sind nicht anders als die Menschen. Müssen uns immer was erzählen. Ihr sprecht dann davon, dass das nur Gekrächze ist. Das stimmt überhaupt nicht. Und ihr macht noch etwas ganz Schlimmes, ihr wollt uns ausgrenzen, weil wir anders sind als ihr, zu laut, zu schmutzig, zu weiß ich was, wollt uns weg haben. So, wie ihr das gerade mit den Flüchtlingen macht. Und dann erzählt ihr so Ammenmärchen, dass wir den Schafen, den Lämmern die Augen aushacken würden.«

»Aber könnt ihr nicht wenigstens eure Exkremente an einer Stelle ablegen? So muss man ja immer damit rechnen, dass man eine Ladung abbekommt. Oder wenn ihr auf mein Auto kackt, das ist so ätzend, wenn man das nicht wegwischt, dann zerstört das den Lack.«

»Na, nu hör mal auf. Was macht ihr Menschen denn? Ihr versaut ja die Umwelt viel schlimmer als wir. Unser Dreck ist in jedem Fall biologisch, also nicht wirklich schädlich.«

»Und wie macht ihr das mit der Erziehung eurer Brut? Wenn euer Nachwuchs geschlüpft ist?«

»Och, wir leben ihnen nur was vor. Wir erziehen gar nicht. Und so gucken sich die Grünschnäbel das ab, wie die Alten es machen. So einfach ist das.«

»Und habt ihr auch Enkelkinder?«

»Natürlich, aber wer flügge ist, also wer fliegen kann, gehört zu uns, ist erwachsen. Ist ein vollwertiges Mitglied unserer Gesellschaft. Darf mitreden. Ob Enkelkind oder Kind, alles egal. Wir unterscheiden da auch nicht wirklich. Müssen sich aber an unsere Regeln halten, sonst fliegen sie raus. Ihr lasst euch da ja mehr Zeit mit der Aufzucht. Die Zeit haben wir leider nicht. Bei uns muss alles zack, zack gehen. In Ausnahmefällen werden wir 22 Jahre alt. Ich bin so einer von denen. So hatte ich auch Zeit, eure Sprache zu lernen. Die meisten werden nicht älter als zwei Jahre, können in der kurzen Zeit ihres Lebens nur ein ›Krah‹, ›Kräh‹ oder ein langgezogenes ›Krääääh‹ von sich geben.«

Sagt es und hebt ab zum Flug.

»Komm doch mal wieder vorbei, wenn du Zeit hast. Dann können wir uns wieder zu einem Schwätzchen treffen.«

Ja, die Tiere, sie müssen einfach besser unterstützt und geschützt werden – so wie Opa das mit seinen Enkelkindern macht.

Und er guckt der Krähe liebevoll nach – aber seine Liebe geht dann doch nicht so weit, dass er im nächsten Leben eine Krähe sein möchte. Das hat einen ganz besonderen Grund: Es gibt dort keine Enkelkinder.

Er hat jetzt noch ein anderes Problem. Kann er das, was er eben erlebt hat, seiner Frau erzählen? Erklärt sie ihn dann für verrückt?

Und was sagt uns das?

☞ *Auch Krähen können aus ihrem Leben erzählen.*

KAPITEL 5

OMA, OPA,
NUR EINE FOLGE!

Wie man anders fernsehen kann

»Wir wollen *Backs und Banni* kucken!«, rufen Jonna und Jente. Opa ist sofort dabei, den Fernseher anzustellen. Er verspricht sich dadurch eine Viertelstunde Ruhe. Wär' doch mal ganz schön. Vielleicht auch ein kleines Nickerchen machen.

Auf welchem Kanal läuft das? Keine Ahnung – durchzappen. Ein Sender zeigt einen Rundumblick von einer Bergspitze. Man blickt auf eine verschneite Landschaft. Dazu läuft volkstümliche Musik: Akkordeon, Klarinette, Trompete, Geige. Die Mädels schunkeln mit im Takt.

»Warum zeigen die das?«, fragt Jonna.

»Ist doch schön, oder?«

»Langweilig!«

Also weiter. Der nächste Sender bringt Frauenhandball.

»Wenn ich mal groß bin, will ich das aber nie spielen.«

»Und warum nicht?«

»Weil man da so viel laufen muss, bis man kotzt.«

Endlich erreicht er einen Kanal mit Comic-Filmen. Ja, es ist *Bugs Bunny*.

»Findet ihr das komisch?«

»Nein. Das ist lustig.«

»Aber das ist doch ganz schrecklich, wie die miteinander umgehen.«

»Aber Backs passiert nie was. Und dann … nag, nag, nag … knabbert er an einer Mohrrübe und verschwindet in der Erde.«

Opa hat keine Lust, sich auf weitere Diskussionen einzulassen. Die Enkel machen es sich auf dem Sofa gemütlich. Oma und Opa haben Kuchen mitgebracht. Die stellt er ihnen noch auf den Tisch, in der Hoffnung, dann ein wenig Ruhe zu haben. Es gibt Berliner mit Smarties und Nutella-Füllung.

»Passt ein wenig auf, der Teppich bekommt sonst Schokoladen-flecke.«

Es dauert nicht lange, und es befinden sich mehr Smarties auf dem Fußboden als auf den Berlinern. Das Problem löst sich schnell von alleine, weil Emma die Leckerbissen schon erspäht hat und sie in Windeseile verschlingt. Inzwischen ist die Nutellafüllung am Pulloverärmel von Jente gelandet. Ohne den Blick vom Fernseher zu nehmen, fordern die Mädels nun noch Apfelschorle ein. Opa läuft in die Küche und sucht nach der Apfelschorle. Er findet sie nicht.

»Geht auch Sprudelwasser?«

»Na gut!«

Ist ja auch viel gesünder. So, jetzt kann er endlich die Beine hoch legen. Die Hoffnung auf Ruhe ist ohne Jente gemacht. Sie möchte nicht mehr fernsehen.

»Opa, leg dich mal auf den Rücken. Jetzt back ich mal eine Pizza auf dir. Roll, roll, roll, den Teig ausrollen, Tomatensauce rauf, Käse rauf. In den Ofen, fertig.«

Und was sagt uns das?

☞ *Auch das Fernsehen verhilft einem nicht unbedingt zu Ruhe-pausen.*

66

Wie man seine Fähigkeiten im Bedienen von neuen DVD-Playern ausbauen kann

»Yakari! Nur eine Folge, du darfst auch sitzen bleiben, Opa!« Juli nimmt Opa an die Hand und führt ihn ins Wohnzimmer, wo der Fernseher steht. Zielgerichtet geht sie zur Schublade, ergreift eine DVD, betätigt den DVD-Player und legt sie ein. Jetzt ist Opa gefordert. Auf dem Couchtisch liegen drei Fernbedienungen. Meine Güte, welche ist wofür und wieso drei? Er fühlt sich überfordert. Lässt sich aber nichts anmerken. Geduldig sitzt Juli auf dem Sofa und wartet.

»Opa, du musst auf ›play‹ drücken.«

»Ja, ja, ich weiß, das geht nicht so schnell.«

Er drückt mal hier, mal da. Es erscheinen im Wechsel Texte, Programmhinweise oder der Hinweis »kein Antennensignal«.

»Bei Papa dauert das nicht so lange!«

Opa ist verloren in der Unfähigkeit, die drei Fernbedienungen richtig zu bedienen. Schließlich schafft er es doch. Wie war das möglich? Er weiß es selber nicht.

So – alles funktioniert. Nun ist Yakari angesagt. Yakari, der Indianerjunge. Er besitzt eine besondere Gabe. Er kann mit den Tieren sprechen und die mit ihm. Kleiner Donner, sein Pferd, sein Freund Kleiner Dachs, Müder Krieger, der schusselige alte Indianer, Knickohr, der Hund, und Regenbogen, die Freundin von Yakari, sind die Hauptakteure der Sendung. Sie fügen sich immer wieder zu neuen Geschichten zusammen. Nachdem eine Folge durchgelaufen ist, wird die nächste eingefordert.

»Noch 'ne Folge! Nur eine!«

»Nein, nun ist Schluss!«

»Wenn ich keine Folge mehr sehen darf, dann ziehe ich aus.«

Opa weiß, jetzt muss er hart bleiben. Da muss er jetzt durch. Das Ganze wird mit einem Kreischkonzert begleitet. Nach einer Viertelstunde beruhigt sich Juli wieder und verkündet, dass sie nun doch nicht ausziehen wird.

»Ich kann ja von zu Hause doch nicht weglaufen, weil ich ohne dir nicht leben kann. – Dann gehe ich eben raus!«

Beim Anziehen, um nach draußen zu gehen, klappt es nicht so, wie es sein sollte. Der rechte Schuh soll auf den linken Fuß.

»Soll ich helfen?«

»Nein, ich kann das alleine!«

Und tatsächlich, sie schafft es. Nun ist auch noch ein Ärmel der Jacke nach innen verdreht.

»Nun reicht's mir aber!«, sagt sie, wirft die Jacke hin und läuft raus.

Und was sagt uns das?

☞ *Gelegentlich müssen auch Großeltern tapfer sein und sich unbeliebt machen, indem sie erzieherisch tätig werden.*

67

Wie man einen ganzen Zoo im Auto haben kann

Juli ist hinten im Auto auf dem Kindersitz verstaut und angeschnallt. Sie hat ein kleines braunes Plastikpferd in der Hand. Kaum, dass sie sitzt, entsteht ein Zwiegespräch zwischen dem Pferd und ihr.

Juli: »Die Mutterpferd hält das nicht mehr aus. Ist das langweilig.«

Pferd: »Ja, das ist langweilig. Können wir denn nicht das Handy haben?«

Juli: »Oh ja, das ist eine gute Idee.«

Pferd: »Frag doch mal Oma.«

Juli: »Oma, wir wollen Handy gucken, Handy gucken, Handy gucken!«

»Nein, jetzt nicht«, sagt Oma.

Plötzlich grunzt ein Schwein, eine Schlange zischt, ein Hahn kräht, ein Elefant trötet – dann faucht ein Tiger. Oma und Opa erkennen die Zeichen der Langeweile, sie müssen jetzt das Spiel aufnehmen.

Opa kriegt Angst. »Oh, nein, oh nein, ein Tiger in unserem Auto. Was machen wir da bloß? Ich hab Angst, ich hab Angst!«

»Oh, ich hab auch Angst! Kann man den Tiger denn nicht einfangen?«, fragt Oma.

»Das ist gar kein Tiger, das ist ein Puma!«

»Oh, das ist ja genauso schlimm! Juli, kannst du da nichts machen?«

»Oma, ich bin das doch nur. Da brauchst du doch keine Angst haben.«

»Da bin ich ja beruhigt!«

»Oma, Opa, ihr müsst jetzt wohl gleich wieder Angst kriegen. Und dann muss Opa wohl sagen: ›Was ist das denn, Oma. Ist das ein Tiger?‹«

Es faucht auf der Rückbank.

»Was ist das denn, Oma? Ist das ein Tiger?«

»Ich glaub, das ist ein Tiger, Opa. Ich hab Angst, ich hab Angst!«

Der Tiger fängt wieder an zu brüllen, bis die Geräusche in ein Zischen übergehen.

»Was ist das denn nun wieder?«, will Opa wissen.

»Ich bin eine Schlange«, sagt Juli.

»Das ist ja noch schlimmer als ein Tiger. Hoffentlich sind wir bald zu Hause.«

Und was sagt uns das?

☞ *Wenn Oma und Opa sich Mühe geben, können sie auch Langeweile töten.*

68

Wie man auch miteinander spielen kann

Jente und Juli spielen im Wohnzimmer mal wieder Pferd. Die Holzpferde werden gesattelt. Man hilft sich gegenseitig aufs Pferd, und sie reiten zum Martinshof. Dort ist Tina Martin zu Hause. Bibi Blocksberg ist ihre Freundin. Sie macht Reiterferien bei Tina. Die Schimmelstute Sabrina wird von Bibi geritten. Tina reitet den braunen Fuchswallach Amadeus. Im Spiel wird Jente zu Bibi und Juli zu Tina, und ihre Holzpferde werden zu Sabrina und Amadeus. Vom Martinshof geht es zum Schloss Falkenstein. Das Schloss ist der Wohnsitz des Grafen von Falkenstein, wo auch sein Sohn Alexander wohnt. Das ist der Freund von Tina. Vor diesem Hintergrund spielen sich die Geschichten ab, die von den beiden nachgespielt werden.

»Tina, wollen wir wohl mal zum Schloss Falkenstein reiten?«

»Oh ja, Bibi!«

Und so geht es hin und her.

»Und jetzt zum Reiterhof! Hurra!«

»Mal sehen, wer Erster wird!«

Hinter Bibi und Tina steht eine ganze Industrie: Hörkassetten, Videos, Zeichentrickfilme, Spielfilme, Bettzeug, Jacken und Taschen mit »Bibi und Tina«-Motiven kann man kaufen. Durch Musik-CDs wird das Interesse an den Geschichten wachgehalten. Flotte Lieder, die im Sound der heutigen Zeit getextet und vertont sind:

Seit 2014 hat auch der Spielfilm sich dieses Themas angenommen. Der Regisseur Detlev Buck hat inzwischen den vierten Film produziert. Der steht bereits wieder an der ersten Stelle in der Hitparade der erfolgreichsten Kinofilme in Deutschland: *Bibi und Tina: Tohuwabohu Total* heißt er. Zugeschnitten auf die Kinder zwischen fünf und zwölf. Klamauk mit politischen Anspielungen. Unter anderem ist auch ein fieser Bauunternehmer mit Namen Dirk Trumpf dabei. Er hat blondes, nach vorne gekämmtes Haar und einen roten Schlips. Der will Schloss Falkenstein mit einer hohen Mauer umbauen. Auch Bibis Zauberkraft hilft da nicht.

Den Film wollen natürlich die Enkelkinder sehen, denn die ersten Filme der Reihe haben ihnen gut gefallen: Pferde, Reiten, schöne Landschaften, Bibi, Tina, Jungs, flotte Musik, ein Fiesling, der seine Strafe bekommt – und am Ende sind alle zufrieden.

Der Trailer im Fernsehen hat die Lust auf den neuen Film noch angestachelt. Und so geht es am nächsten Tag in die Nachmittagsvorstellung des Kinos im Ort, wo der Film bereits läuft. Diesmal kommt es ein bisschen anders. Vor dem Kino hat man den Eindruck, der ganze Ort will den Film sehen. Enge und Gedränge.

Der Film ist nicht nur anarchisch, hat dazu wenige Pferdeszenen und nimmt Themen auf, die nichts mit der Welt der Enkelkinder zu tun haben. Das überfordert den einen oder anderen kleinen Geist. Nur wenn die Songs von Bibi und Tina kommen, ist Aufmerksamkeit vorhanden. In der Zwischenzeit holt Jente ihr Tablet raus und will Geschicklichkeitsspiele machen, Juli will wieder ihren Schnuller, Felix, der Freund aus Julis Kindergarten, ist bereits nach kurzer Zeit eingeschlafen. Nur Jonna zeigt Interesse.

Kinder können sehr gut mit Anarchie, mit Tohuwabohu umgehen, denn sie sind selbst chaotisch, müssen chaotisch sein. Das gehört zu ihrer Menschwerdung. Sie ahnen, dass sich alles ändert, ändern muss, denn sie vergleichen sich und stellen fest, dass die Zukunft für sie nur im Verändern der eigenen Person und der Umwelt liegt. Und sie ahnen auch, dass die Eltern und Großeltern nicht für immer die Lebensbegleiter sein werden. Sie wollen lernen, und dazu müssen auch andere soziale Kontakte her.

Nach dem Filmbesuch wird zu Hause wieder »Bibi und Tina« gespielt, auch Felix ist dabei. Weil er ein bisschen tollpatschig ist, reißt er ohne Absicht gleich das ganze Schloss Falkenstein um. Kein Stein bleibt auf dem anderen.

»Oh Felix, jetzt müssen wir alles wieder aufbauen. Das können wir aber nicht so gut wie Papa. Und der kommt erst heute Abend nach Hause.«

Das stört Felix aber nicht. Er möchte mitspielen.

»Was darf ich sein?« fragt er.

»Pferdedecke«, sagt Juli.

»Oder Dirk Trumpf!« sagt Jente.

Und was sagt uns das?

☞ *Wer sich tollpatschig verhält, muss die Rolle spielen, die ihm zugewiesen wird.*

Wie man einen neuen Blick auf einen Adventskalender bekommt

Juli hat einen Adventskalender. So einen, der auch noch was anzubieten hat hinter den Türchen. Das können ein Stück Schokolade, ein Keks, eine Marzipankugel, eine Playmobilfigur oder Knete sein. Wobei, Türchen ist nicht das richtige Wort, das Türchen ist in diesem Falle eine kleine Schublade, in der sich die Sachen befinden. Die Schubladen stecken in einem großen, aus Holz gefertigten Schneemann. Nun möchte Juli gleich alle Schubladen herausziehen und sich den Inhalt einverleiben.

»Nein, nein, du darfst nur jeden neuen Tag ein Schubfach öffnen.«

»Warum das denn? Ich will sehen, was in den anderen ist.«

»Juli, das ist ein Adventskalender, da muss man einfach Geduld haben. Sollst dich doch langsam auf Weihnachten freuen. Und das dauert eben noch ein paar Tage.«

Sie schmeißt sich heulend aufs Sofa.

»Oh nein, das halte ich nicht aus!«

Heute ist in einem Fach ein Gutschein für eine DVD von der Eiskönigin. Oma erklärt ihr, was darauf steht, und überreicht sie ihr. Die will sie nun auch unbedingt sehen. Sie legt schon mal die Scheibe ein, kann aber noch nicht den Rekorder in Gang setzen. Sie fragt die Mutter.

»Nein, jetzt nicht. Das kannst du dir heute Nachmittag ansehen.«

So lange will sie aber nicht warten. Und so fragt sie ihren Vater.

»Papa, ich will die Eiskönigin sehen.«

»Hast du das denn schon mit Mama geregelt?«

»Ja, die sagt, ich darf das kucken!«

»Ich glaube, du hast Mama falsch verstanden«, sagt Oma.

Und was sagt uns das?

☞ *Erzieherische Eingriffe vonseiten der Großeltern können gelegentlich angemessen sein.*

Wie man sich bei Bibi und Tina den Kopf stoßen kann

Herr Kakmann will dem Grafen Falko das Fohlen Socke abschwatzen, und die hübsche Sophie von Gelenburg hat ein Auge auf Tinas Freund Alex geworfen. Das kann ja nicht gut gehen. So ungefähr steht es auf dem Cover der DVD *Bibi und Tina*, dem ersten Film aus der Reihe.

»Dürfen wir kucken?«, sagen Juli und Jente gleichzeitig.

Ohne die Antwort abzuwarten, sind sie auch schon am DVD-Player und legen die Scheibe ein. Mit beneidenswerter Geschicklichkeit wird der DVD-Player in Aktion gesetzt. Und schon sitzen sie erwartungsvoll vor dem Fernseher, obwohl sie ja auch wissen, dass nun nichts Neues passieren wird. Schon 100-mal gesehen. Das Interesse am Film nimmt deshalb auch schnell ab. So fangen die beiden auf dem Sofa an zu turnen.

»Kuck ma, kannst du so dein Bein ausstrecken?!«, fragt Juli.

Dabei hebt sie ihr Bein seitlich hoch bis an den Kopf.

»Tüllich!«, sagt Jente und macht das Gleiche nach.

Oma serviert dazu in kleine Stücke geschnittene Äpfel. Jente möchte lieber Wurstbrot mit Nutella und Apfelsine. So gehen die Großeltern noch mal in die Küche, um dem Wunsch zu entsprechen.

Plötzlich gibt es einen gewaltigen Knall, dem zwei Sekunden später ein markerschütterndes Schreien folgt. Die Großeltern stürmen schuldbewusst ins Zimmer und sind auf das Schlimmste gefasst.

Haben sie doch die ihnen vertrauensvoll überlassene Aufsichtspflicht nicht erfüllt.

Was ist passiert?

Jente ist vom Sofa abgestürzt, ist mit dem Kopf ungebremst auf die Tischkante geschlagen. Glück im Unglück, keine Platzwunde, knapp am Auge vorbei. Da hilft erst mal nur Trost. Opa soll ein kaltes Tuch aus der Küche holen.

»Das ist zu warm, kalt, richtig kalt!«, sagt Oma ungehalten.

So geht Opa noch einmal zum Wasserhahn und lässt nun wirklich kaltes Wasser auf einen Lappen laufen. Nun kann die angeschlagene Schläfe gekühlt werden. Das Schreien geht in leises Wimmern über. Opa greift zur Fernbedienung.

»Opa, nicht ausmachen!«

»Aber ihr guckt doch gar nicht mehr hin!«, sagt Opa.

»Dohoch! Gleich singt Tina!«

Und tatsächlich kommt Tinas Lied: »Up, up, up!«

Juli springt auf und tanzt, Jente auch. Über ihrer Augenbraue schwillt die Stirn zu einer dicken Beule an.

Und was sagt uns das?

☞ *Im Haushalt passieren die meisten Unfälle.*

71

Wie die Enkelkinder mit ihrem eigenen Handy umgehen

Jonna und Jente haben jetzt ein eigenes Handy – oder ist es ein Smartphone? Ist das dasselbe? Da muss Opa erst einmal nachfragen, denn er will sich nicht abkoppeln lassen von der Neuzeit. Wenn er das täte, wäre er bald weg vom Fenster und würde in hilflose Lamentiererei verfallen, sich mit Leuten treffen, die nur noch den Kopf schütteln über die schreckliche heutige Zeit, die sie nicht mehr verstehen. Eine deprimierende Vorstellung. Er will immer noch alles wissen, denn sonst wäre er alt.

Zurück zum Handy, zum Smartphone. Was ist das denn nun?

Also ein Smartphone ist eine besondere Form eines Handys. Es hat keine Tastatur, sondern einen Touchscreen, über den man Zeichen eingeben kann. Man kann mit ihm Mails verschicken, Fotos machen, Chats durchführen, Videos machen, die Uhr ablesen, das Wetter erfragen – kurzum, es ist ein Wunderwerk der Technik.

Nun haben seine Enkelkinder ihren eigenen Zugang zur Medienwelt. Da beide noch nicht in die Schule gehen, ist Opa gespannt, in welcher Form sie das Gerät nutzen. Oma hat ein Smartphone. Da gibt sie zunächst einmal die Adresse von den beiden Enkelkindern ein. Jetzt können die Nachrichten fließen. Oma schreibt schon mal: *Hallo Jonna, hallo Jente!*

Zurück kommen Zeichen, sogenannte Icons, zu deutsch »Bildchen«: Viermal Katzenköpfe mit hochgezogenen Augenbrauen, dreimal Daumen hoch, zweimal klatschende Hände, sieben Katzenköpfe ohne hochgezogene Augenbrauen und ein erhobener Zeigefinger. Darunter eine Sprachnachricht von vier Sekunden Länge: »Wir fahren jetzt zum Kindergarten, hm, hm hm!«

Und danach noch einmal eine Nachricht von zwei Sekunden: »Euch auch hallo!«

Es folgt eine schriftliche Nachricht: *Hallo Oma. Hallo Opa!* Offenbar selbst geschrieben. Daneben sind ein Katzenkopf mit Augenbrauen und ein Mondgesicht mit rausgestreckter Zunge.

Am nächsten Tag kommt eine mündliche Nachricht von Jonna. »Oma, ich hab Fiebaa!«

»Wie viel denn?«

»Xihuan, wieviel hab ich?«

»37,5 Grad.«

»Also, hast du gehört? 37,5 Grad. Ihr könnt kommen. Aber müsst ihr auch nicht. Hmmmm.«

Zum Abschluss kommt noch ein Zeichen, eine Hand mit dem Daumen nach unten. Das Au-pair-Mädchen Xihuan schickt in chinesischen Schriftzeichen ein: »Guten Morgen!«

Man kann nach dem Sinn fragen: »Was soll das? Reinste Zeitverschwendung.« Die Welt wird durch solche Botschaften nicht gerettet, aber der Kontakt zu den Enkelkindern bleibt erhalten. Und das ist erst einmal was Gutes.

Opa kommt mit dem Auto von seinen Enkelkindern nach Hause. Beim Einbiegen in die Seitenstraße läuft ihm ein selig grinsender junger Mann vor das Auto. Sein Blick ist auf sein Smartphone gerichtet. Er hört und sieht nichts anderes. Opa zieht daraus die Konsequenz, er hält und wartet so lange, bis der junge Mann an seinem Auto vorbeigegangen ist. Er blickt ihm über den Rückspiegel nach. Man kann ihm nur alles Gute für die Zukunft wünschen.

Und was sagt uns das?

☞ *Ein Blick aus der virtuellen in die reale Welt ist immer von elementarer Wichtigkeit.*

72

Wie man mit Facetime seine sozialen Kontakte upgraden kann

Oma hat jetzt Facetime für sich entdeckt. So kann sie beim Telefonieren ihre Enkelkinder sehen. Das heißt, zunächst mal ist Marthe zu sehen, und oben rechts in der Ecke ist der Anrufer, also Oma. Und so entstehen wichtige Facetime-Telefonate.

»Hattest du mich heute früh angerufen?«

»Neeee!«

»Aber ich habe deine Nummer auf dem Display.«

»Das war dann Jente. Jente! Was wolltest du von Oma?«

Nun tritt Jente ins Bild. Sie hat die Jacke von Bibi an, eine rote Collegejacke mit weißen Streifen am Kragen und weißen Ärmeln, die am Bündchen in rot-weiß gestreiften Linien enden. Zu schließen ist die Jacke mit weißen Druckknöpfen. Das muss alles genauso sein wie im Film. Sonst würde sie die Jacke nicht anziehen.

»Hallo Jente, was wolltest du denn von mir?«

Jente guckt mit großen Augen und offenem Mund.

»Weiß nich.«

»Oh, Jente, was hast du denn am Zeigefinger?«

»Da ist mir Jonna raufgetreten.«

»Und? Tut's noch weh?«

»Geht so. Mal 'n bisschen, dann wieder nicht.«

»Aber das Pflaster sieht ja sehr chic aus. Kannst du mir mal Papa geben?«

Das Gerät wird weitergereicht und zeigt Kristof an seinem Bürotisch.

»Sag mal, unser Drucker geht immer noch nicht. Nun haben wir schon die alten Patronen ausgetauscht und die Originalpatronen eingesetzt. Er druckt immer noch nicht alles und hat Zeilenaussetzer.«

Er kann sich von seinem Computer auf den der Großeltern zuschalten.

»Stell mal den Drucker an.«

»Hab ich.«

»Ich geh jetzt mal auf ›Einstellung‹, dann auf ›Druckereinstellungen‹, auf ›Düsentest‹, und dann ›Druckkopfreinigung‹. – So, jetzt lass das mal durchlaufen. Dann müsste es eigentlich gehen. Probier mal.«.

»Okay!«

»Nee, nichts hat sich geändert. Genauso wie vorher. Zeilenaussetzer und nur Teilbereiche werden gedruckt.«

»Dann kann ich von hier aus auch nichts machen.«

Das Handy geht wieder zu Jente.

»Ist Mama in der Nähe?«

»Was?«

»Ist Mama in der Nähe … siehst du Mama?«

»Nee, die ist bei den Pferden.«

»Sag ihr mal, dass sie zurückrufen soll, wenn sie Zeit hat.«

Mama ruft zurück.

»Ich hab für Ostern einige ganz süße Kleider für die Kinder im Online-Shop im Warenkorb gebunkert. Das kann ich aber nur 15 Minuten, dann wird der Korb gelöscht. Ich hab noch sechs Minuten.«

Sie hält die Kamera auf den Bildschirm. Die Kinder sollen schnell entscheiden, welches Kleid sie gut finden. Jonna will das mit dem roten Herz, Jente das mit den grünen Pflanzen. Wie sich dann herausstellt, ist das grüne Kleid in der richtigen Größe nicht mehr zu kriegen. Dann wird eben das kleine schwarze mit den niedlichen Mustern bestellt. Das Gespräch ist beendet.

Nach einiger Zeit ist vom Smartphone ein Piepton zu hören. Aber wo liegt es?

»Weißt du, wo das Handy ist?«, fragt sie Opa.

»Nee, keine Ahnung. Müsste auf dem Küchentisch liegen.«

Da liegt es nicht.

»Mann. Immer dasselbe. Warum kann man das nicht immer an den gleichen Platz legen?! Dieses ewige Handygesuche. Ruf mich doch mal vom Festnetz aus an. Dann können wir weitersuchen.«

Mit der Orientierung von Klingeltönen wird es auch immer schwieriger. Nach längerem Zickzackkurs wird das Handy schließlich in der Sofaritze gefunden. Bei WhatsApp ist eine Nachricht eingelaufen. Juli ist mit ihren Eltern gerade in Timmendorf im »Sealife«, wo sie im Aquarium Seepferdchen, Seeanemonen, Seeigel, Muscheln, Seeschildkröten und Haie sehen kann. Dazu ist ein Bild geschickt worden, das Juli am kalten Ostseestrand zeigt. Sie hat einen Anorak an, die Kapuze ist über die Ohren gezogen, ein Schal deckt den Hals zu.

»Hoffentlich haben sie ihr eine vernünftige warme Strumpfhose untergezogen«, sagt Oma besorgt. »Ich könnte doch gleich noch eine mitbestellen, das spart Porto.«

Und was sagt uns das?

☞ *Wenn es keine Handys und PCs gäbe, brauchte man sich auch keine Gedanken über Strumpfhosen, Kleiderwünsche oder Drucker zu machen. Aber das wäre ein rückwärts gerichteter Blick.*

73

Wie man sich Sprachnachrichten zuwenden kann

Mit einem WhatsApp-Messenger kann man Nachrichten, Sprachnachrichten, Videos und Fotos von seinem Handy in die ganze Welt verschicken und empfangen. Die Anzahl der Nutzer steigt ständig. Pate für den Namen stand wohl das englische »What's up« – Was geht, was ist los, Na, wie geht's?

So was kann Oma jetzt auch. Und das macht sie ausgiebig.

Was ist los?

Im Moment erhalten die Freunde ein Foto von dem neugeborenen Enkelkind mit den nötigen Daten wie Größe, Gewicht, Name. Als Antwort bekommt sie: »Die sieht ja schon richtig kernig aus. Geht es allen gut? Ist Juli auch mit ihrer Schwester zufrieden?«

Oder: »Oh, ist das süüüüß!« Und dazu sind lauter rote Herzchen gesetzt.

Jetzt hat Oma eine Sprachnachricht an Jonna verschickt: »Na Jonna, alles klar bei euch?« Einfach nur so. Mal sehen, was sie zurückmeldet.

Zunächst kommt einmal gar nichts. Zwei Tage später hört Oma morgens im Bett das Signal einer eingetroffenen Nachricht auf ihrem Handy. Sie springt aus dem Bett. Ein Blick zum Wecker, es ist 6.30 Uhr. Wer schickt so früh eine Nachricht? Mit den Kindern gilt die Verabredung, »nur im Notfall vor neun Uhr anrufen«. Da muss etwas passiert sein. Schnell die Treppe nach unten ins Wohnzimmer, das Herz rast. Sie findet das Gerät schließlich unter der Tageszeitung von gestern und gibt die Codenummer ein. Atemlos hört sie die Sprechnachricht ab.

Sie kommt von Jonna: »Jaaaaaaaa!«

Das ist das Schöne an den neuen Medien. Man ist immer, wenn man denn will, in Kontakt, aber eben auch, wenn man nicht will.

Und was sagt uns das?

☞ *Morgens um sieben ist die Welt nur dann in Ordnung, wenn man das Handy abgestellt hat.*

74

Wie man lernt, mit E-Mails umzugehen

Opa kriegt Post von Janni og Anders Thygesen, also E-Mails. Die wollen wissen, ob er sich am Donnerstag verliebt hat. In wen oder was? In die dänischen Ferienhäuser, die sie anbieten.

Opa weiß, dass dieser Anbieter tatsächlich nur Werbung macht. Hier kann er bedenkenlos verschiedene Häuser anklicken, ohne dass er sie gleich gekauft hat. Auch bekommt er jetzt öfter von Jasmin Karber, Selina, Mara Weber, Freda Bird und von Eric Lehmann E-Mails. Laura Friedrich teilt ihm mit, dass 969957 gewonnen hat. *GEWINN HIER ABHOLEN.* Und auch ein Rafael Schmitz schreibt ihm, obwohl er Rafael Schmitz gar nicht kennt.

Was will der von ihm? Und was schreibt er?

Erst mal lesen: *Hallo, letzte Nacht wurde ein weiterer Rekord gebrochen – Jürgen K. aus Deutschland wurde um 134.365 Dollar reicher. Es hat ihn mit unserer Software nur 6 Tage gekostet, um das zu tun. Es gibt nur 3 freie Plätze für den Tag. WERDEN SIE JETZT MITGLIED!*

Man muss HIER KLICKEN! Und dann HIER KLICKEN! Und dann macht man 6000 Euro jeden Tag!

Du musst die Chance in deinem Leben nutzen den diese kommt nicht wieder!

Opa kommt ins Grübeln. Was hat er da gelesen: »den diese«???

Hallo, das heißt ja wohl »denn diese« Und wie wär's mal mit einem Komma nach »nutzen«? Nebensätze beginnen häufig mit einer Konjunktion. In diesem Fall mit dem Bindewort »denn«. Bei aller Liebe zur lockeren Einstellung bei der Rechtschreibung, aber irgendwann ist mal Schluss. Wer sich so wenig Mühe gibt mit seinem Text oder zu blöd ist, einen sinnvollen Text zu verfassen, was kann man von dem erwarten? Der will doch bescheißen!

Besonders komisch mutet die E-Mail von Florian Seidel an. Der schreibt: *Verdiene sehr sehr viel Kole mach mindestens EUR 5000 pro Tag. Und HIER KLICKEN.*

Die Firma Pay Online AG fordert letztmalig auf, den ausstehenden Betrag von 65,34 Euro nun endlich zu bezahlen, ansonsten muss der Fall an ein Gericht weitergeleitet werden. Ab damit in den Mülleimer.

Und er kommt wieder dazu, an seine Enkelkinder zu denken. Wie kann man sie vor den Scharlatanen der Gesellschaft schützen? Opa muss Augen und Ohren offen halten, sich informieren über das tägliche Geschehen, sodass er mitreden kann. Nur so hat er eine Chance, seine Enkel in die immer komplizierter werdende Welt zu begleiten.

Opa wird sich bemühen.

Und was sagt uns das?

☞ *Solange dein Verstand mitmacht, benutze ihn.*

KAPITEL 6

OPA, DU BIST BLÖD!

Wie man sich als Pippi wehren kann

Juli hat für sich Pippi Langstrumpf entdeckt. Sie braucht sie, um sich vor der Außenwelt zu schützen. Dazu lässt sie sich ein bisschen Rouge auf die Wangen legen. Mit einem Kajalstift werden die Sommersprossen auf dem Gesicht aufgetragen. Die Haare werden seitlich zu zwei Büscheln mit einem Haarband zusammengebunden. Das Ganze muss nun im Spiegel begutachtet werden. Dabei wackelt sie mit dem Kopf hin und her. Damit kontrolliert sie, ob die Haarzöpfe auch die richtige Festigkeit haben, denn sie müssen beim Bewegen des Kopfes gegen die Wangen schlagen. Die Kleidung muss auch ganz genau dem Vorbild entsprechen: grünes T-Shirt, gelbe Schürze mit roter aufgenähter Tasche. Die Strümpfe müssen unterschiedlich in Farben und Streifen sein, möglichst gehalten von einem sichtbaren Strumpfband. Wenn es geht, sollten auch die Schuhe ein paar Nummern zu groß sein. Ja, so ist sie zufrieden mit sich und ihrer Umwelt. So traut sie sich in die Welt.

»Juli, du siehst aber toll in deinem Kostüm aus! Klasse!«, sagt Opa.

»Ich bin nicht Juli, ich bin Pippi!«, schimpft Juli.

Das Problem ist nur, dass man sie nun in den nächsten Tagen nicht mehr aus den Pippikleidern rausbomben kann. So geht sie dann auch in den Kindergarten, zu ihren Cousinen, zum Spielplatz und in die Stadt, wenn sie ihre Mutter beim Einkaufen begleitet. Freundlich lächelnde Mienen, besonders der älteren Damen, begleiten sie, was sie aber gar nicht berührt, weil sie es nicht sieht.

Auch am Telefon ist sie nicht mehr erreichbar, man kann nur noch mit Pippi telefonieren. Möchte Opa seine Tochter sprechen, ist das nicht mehr möglich, weil Pippi keine Mama hat. Da sollte er schon mal Annika sprechen wollen, das klappt dann meist.

Irgendwann sieht sie aber ein, dass die Pippisachen auch mal in die Wäsche müssen und es doch mal ganz gut wäre, wenn man mal was anderes anzieht.

Letzte Woche hat sie Kindergartenfreunde eingeladen. Sie machen sich über Julis Kaufmannsladen her. Wortlos steht sie dabei. Man sieht ihr an, dass sie damit überhaupt nicht einverstanden ist. So wendet sie sich an ihre Mutter und bittet sie, ihr doch rote Wangen und Pippi-Sommersprossen anzumalen. Zur weiteren Unterstützung möchte sie, dass sie ihr noch Pippi-Zöpfe macht. So aufbereitet geht sie zurück. Sie stellt sich vor die anderen, stemmt die Hände in die Taille und sagt energisch:

»Das ist mein Kaufmannsladen! Ich verkaufe, und ihr müsst einkaufen kommen.«

Die anderen blicken erstaunt auf und fügen sich.

»Juli, das hast du aber mit deinen Kindergartenfreunden toll hingekriegt«, sagt Opa.

»Ich bin nicht Juli, ich bin Pippi!«, sagt Juli ärgerlich.

»Oh Mann, Opa! Du kriegst aber auch gar nichts mit!«, sagt Oma.

Und was sagt uns das?

☞ *Manchmal stärkt es die Persönlichkeit, wenn man einen Rollenwechsel vornimmt.*

76

Wie man lernt, kindlichen Egoismus positiv wahrzunehmen

Opa ist in Lübeck, in der Hüxstraße. Plötzlich stürmt ein Mädchen, eine junge Frau, an ihm vorbei. Ja, solche körperlichen Anstrengungen sind ihm im Laufe der Jahre abhandengekommen.

Er bewundert ihre Leichtfüßigkeit, mit der sie durch die Straße läuft. Sie fällt auf, schwarz gekleidet, trägt ein Top mit schwarzen Spaghettiträgern.

Der Pferdeschwanz macht wipp! wipp! wipp! Da stimmt ja alles! Dann, kurz danach, kommt eine Frau aus einem Geschäft auf die Straße gelaufen, läuft ein kurzes Stück hinter ihr her, sieht aber schnell ein, dass sie dem Tempo der Frau nicht gewachsen ist. Aber »Stehen bleiben!« kann sie noch rufen.

»Hat sie was geklaut?«, fragt ein Passant.

Sie nickt. Die junge Frau, die noch eben so ästhetisch durch die Straße gelaufen ist, ist bereits in weiter Ferne. Dann, plötzlich, stürmt ein junger Mann in wütender empörter Rage aus dem Geschäft und rast energiegeladen die Straße entlang. »Wenn der das Tempo durchhält, kriegt er sie noch«, sagt Oma. Beide verschwinden am Ende der Straße hinter den Autos.

Ob er sie gekriegt hat?

Der Vorfall beschäftigt Opa noch länger. Er macht sich seine Gedanken. Was für ein emotionaler Aufwand. Wenn er sie kriegt, was macht er dann mit ihr? Festhalten? Und dann? Und wenn sie ihm entwischt? War dann alles umsonst? In beiden Fällen schlagen die Emotionen hoch, und der Blutdruck steigt. Für Opa wäre das nichts mehr. Was bringt es schon?

Er hätte sie laufen lassen, hätte eine Diebstahlsanzeige geschrieben und sich von der Versicherung den Schaden ersetzen lassen.

Ja, immer geht es beim Menschen ums »Ich«. Ich, ich, ich. Ich will das Kleid, ich hab kein Geld, ich klau es. Ich, ich, ich brauch es. Ich will den Dieb fangen. Ich will Rache. Ich, ich, ich will Rache. Nur ich, ich, ich.

Auch seine Enkelin hat längst ihr »Ich« entdeckt. Sie will das Lied singen: »Grün, grün, grün sind alle meine Kleider«. Daraus hat sie sich die Strophe mit dem Schornsteinfeger ausgesucht.

»Schuaz, schuaz, schuaz sind alle meine Kleider.

Schuaz, schuaz ist alles, was ich hab, schuaz, schuaz …«

Sie verfängt sich aber im nächsten Vers. Opa will helfen: »Darum lieb ich …«

»Opa, nein, iiichh!«

Sie fängt neu an und verheddert sich wieder.

»Darum lieb ich alles, was so …«, singt Opa leise und zaghaft.

»Opa, nein, iiichh!!!! – Omaaa! – Opa ärgert mich!«

Und was sagt uns das?

☞ *Die Entdeckung des »Ich« bei einem Kind hat nichts mit dem Egoismus eines »Erwachsenen-Ichs« zu tun.*

Wie man am Telefon von seinem Enkelkind veräppelt werden kann

Opa möchte seine Tochter anrufen. Es meldet sich Jonna, die Enkelin.

»Hallo, Jonna, das ist aber schön, dass du am Telefon bist. Ist die Mama denn auch da?«

»Jaaa.«

»Kannst du sie denn mal holen?«

»Neee.«

»Warum denn nicht?«

»Sie ist grad draußen.«

»Kannst du ihr den Hörer nicht bringen?«

»Nee.«

»Warum denn nicht?«

»Ich weiß nicht so genau, wo sie ist.«

Opa muss unwillkürlich an den Sketch mit Peter Frankenfeld denken, wo der Vater unbedingt seine Frau sprechen muss und die kleine Tochter den Hörer nicht weitergibt.

»Na, dann können wir uns ja unterhalten, bis sie wieder da ist. Wie geht es dir denn?«

»Das geht so.«

»Was hast du denn?«

»Na ja, ich hab was am Ohr.«

»Oh Gott. Hast du Ohrenschmerzen? Warst du schon mit Mama beim Ohrenarzt? Damit ist nicht zu spaßen. Da kann man bleibende Schäden davontragen. Ich sag ja immer, ihr sollt was aufsetzen, wenn ihr rausgeht. Das ist doch ganz schnell gemacht, und chic sieht das doch auch aus. Das ist doch jetzt wirklich zu kalt draußen, besonders im Winter. Aber nein, ihr hört ja nicht.«

»Nein, ich hab keine Ohrenschmerzen.«

»Was hast du denn am Ohr?«

»Den Telefonhörer!«

Und dann hört Opa ein fröhliches, quietschendes, unbeschwertes Lachen, wie es nur Kinder können, die mal wieder einen Erwachsenen reingelegt haben.

Und was sagt uns das?

☞ *Telefongespräche verlaufen manchmal anders als geplant.*

Wie Opa beim Einkaufen im Supermarkt Stärke beweist

Mit den Enkelkindern im Supermarkt einzukaufen ist immer ein besonderes Ereignis. Das geht schon beim Eingang los, wo man die Wahl hat zwischen normalem Einkaufswagen oder der Version, wo der vordere Teil des Einkaufswagens mit einem Plastikauto versehen ist, in dem ein Enkelkind Platz findet. So ein Auto hat den Vorteil, dass man selber das Tempo bestimmen kann, während das

Enkelkind mit dem Steuern des Wagens beschäftigt ist. Steigt es allerdings aus, fangen die Probleme an.

»Opa, ich will ein Eis.«

»Ja, gerne, aber da musst du noch bis zur Kasse warten. Das müssen wir erst noch bezahlen.«

»Opa, ich will das Anmalheft von der Eiskönigin.«

»Opa, ich will Gummibärchen!«

»Opa, ich will Kinder-Country!«

»Opa, ich will den Teddy!«

»Opa, ich will ein Überraschungsei!«

Bei Nichterfüllung solcher Wünsche kann es zu kleinen Katastrophen kommen, die sich in Form von Heulattacken äußern oder mit Werfen auf den Boden verbunden sein können. Opa steht dabei und denkt: Nur nicht klein beigeben. Das wollen wir doch mal sehen, wer hier den längeren Atem hat.

Soll er sich nun auch dazuschmeißen?

Nein, das lässt er. Das ist ihm dann doch zu würdelos. Außerdem, für einen alten Mann stellt sich dann das Problem: Wie komme ich wieder hoch? Die Kunden im Supermarkt sind je nach Mentalität dem Geschehen liebe- und verständnisvoll zugewendet: »Oh, der arme Opa.«

Aber auch genervte Blicke treffen ihn und die Enkelkinder: »Na, hoffentlich kriegt der seine unerzogenen Gören endlich in den Griff. Das hätte es früher nicht gegeben.«

Als die Enkelkinder merken, dass Opa konsequent bleibt, beruhigen sie sich allmählich wieder. Von der Warteschlange aus vor der Kasse kann er auf die Gemüse- und Obstabteilung sehen. Dort steht ein alter, glatzköpfiger Mann mit grauem Haarkranz. Seine Gesichtszüge sind schlaff, die Mundwinkel hängen. Die Gesichtshaut ist fahl. Vor ihm ist eine Kiste, in der nur noch eine Packung Rosenkohl liegt. Bewegungslos starrt er sie an, unfähig zu einer Entscheidung. Möglicherweise hat ihn seine Frau damit beauftragt, so etwas zu kaufen. Vielleicht mag er ja auch gar keinen Rosenkohl? Mit einem Papiertaschentuch wischt er sich eine Träne aus den Augen. Seine Jacke ist von Wellensteyn. Sie kann ihn vor den Unbilden der Jahreszeiten schützen. Aber sie kann ihn nicht vor den Unbilden des Lebens schützen. Irgendwie tut er Opa leid.

Von diesen Gedanken merken die Enkelkinder nichts. Sie haben den Frust inzwischen längst vergessen und legen an der Kasse fröhlich die Ware aus dem Einkaufswagen auf das Band.

Und was sagt uns das?

☞ *Wenn ein Mensch deprimiert oder genervt guckt, kann das daran liegen, dass er keine Enkelkinder hat.*

79

Wie man erfährt, dass die Fahrkosten der Großeltern zu den Enkelkindern von der Steuer abgesetzt werden können

Die Großeltern sind nun frei von allen bürgerlichen Zwängen, das heißt, das stimmt nicht wirklich. Sie müssen Steuern zahlen, den Mülleimer einmal in der Woche nach vorne an die Straße bringen, auf die Verkehrsregeln achten, die Kontoführungsgebühren bei der Bank zahlen, die Wasserverbrauchsgebühren, die Abwassergebühren, die Heizkosten, die Kfz-Steuer, die Lebensversicherungsbeiträge, den Mitgliedsbeitrag beim Europaverein, bei der Gewerkschaft zahlen und darüber einmal im Jahr eine Steuererklärung machen. Eine Überforderung, die Opa schon Tage vorher in gelinde Verzweiflung treibt. Aber was hilft es. Zum Zahnarzt muss er ja auch, und das bringt ebenfalls keinen Spaß. An der Rezeption des Finanzamtes wird ihm ein Zimmer zugewiesen, wo sein Fall registriert ist. Wieso Fall? Ist er ein Fall? Allein deshalb schuldig, weil er Steuern zahlen muss?

»Erster Stock, Zimmer 112.«

Der Finanzbeamte im Zimmer 112 blickt ungehalten von seinem Schreibtisch auf, als er nach zaghaftem Klopfen ohne eine Antwort abzuwarten in das Zimmer tritt. »Warten Sie, bis Sie hereingebeten werden.« Vor dem Schreibtisch des Beamten sitzt ein Mann mit gesenktem Kopf und eingezogenen Schultern. Opa verlässt den Raum. Auf dem Flur ist ein kahler Tisch frei. Er hat einen Blick auf den Innenhof des Finanzamtes. Wenn Menschen durch die langen Flure gehen, hallt es. Als der Mann mit dem hängenden Kopf und den eingezogenen Schultern das Zimmer verlässt, wagt er es noch einmal, zart an die Tür zu klopfen. Er hört ein barsch gerufenes: »Herein!«

Er legt ihm seine Unterlagen auf den Schreibtisch, die der Sachbearbeiter wortlos annimmt. Opa lässt seinen Blick schweifen und sieht Postkarten an der Wand, die Bilder von unterschiedlichen Orten der Welt zeigen. Sogar Che Guevara lässt seinen Blick von der Wand des Büros schweifen und in einer Sprechblase verkünden: »Venceremos!« – Wir werden siegen!

»Ist das alles, was Sie dabeihaben?«

»Ja!«

»Ihre Unterlagen sind unvollständig. Es fehlt zum Beispiel Anlage S. Sie müssen dort Ihren Gewinn aus Ihrer freiberuflichen Tätigkeit mitteilen. Wo sind die Unterlagen dafür? Auch die Anlage V fehlt. Da müssen Sie sämtliche Einnahmen und Ausgaben mitteilen. Wir sind ja nun mal leider hier kein Steuerberatungsinstitut. Ich kann Ihnen nur raten, sich beraten zu lassen. Gehen Sie doch mal zu einem Steuerberater. Ich gebe Ihnen noch mal alles mit.«

»Ich hab da noch eine Frage. Kann man auch die Kosten absetzen, die uns durch die Enkelkinder entstehen?«

»Sie nicht, aber Ihre Tochter oder Ihr Sohn. Sie müssten dann für Ihre Fahrtkosten eine Rechnung aufstellen. Und es muss darüber eine schriftliche Vereinbarung getroffen sein. Aber, wie gesagt, gehen Sie zum Steuerberater.«

»Und was ist, wenn ich regelmäßig Babysitterdienste mache? Kann ich die auch absetzen?«

»Ich sagte ja schon, wir sind keine Steuerberater. Wir vertreten den Staat. Wir sitzen auf der anderen Seite.«

»Venceremos!«, flüstert er dem Sachbearbeiter augenzwinkernd zu und verlässt den Raum und enteilt mit seinen unvollständigen Unterlagen. Da muss er wohl doch seinen uralten Freund aus Kindertagen belästigen, der Finanzbeamter war.

Und was sagt uns das?

☞ *Beim Finanzamt hilft nicht Che Guevara, sondern nur eine vollständig ausgefüllte Steuererklärung.*

Wie man mit dem Enkelkind eine Wand hellblau streichen kann

Liv steht als nächstes Enkelkind an. Es ist nicht mehr lange hin, höchstens noch sechs Wochen. Dann ist es so weit. Juli bekommt ein kleines Schwesterchen. Darauf stellt sich die junge Familie ein. Das Arbeitszimmer muss ausgeräumt werden. Daraus soll das Zimmer für Juli werden. Die zu erwartende Liv soll in das alte Zimmer von Juli. Die alte Einrichtung ist schon fast weggeräumt. Die Wände von Julis neuem Zimmer sollen nun frisch gestrichen werden, zumindest eine Ecke, höchstens fünf Quadratmeter, hellblau passend zur Auslegware, die leicht türkisfarben ist. Da würde doch ein hellblauer Farbton mit leichter Tendenz ins Grüne wunderbar passen. So wird beim »Farbwunsch-Service« die Farbe angemischt, die kleinste Einheit für zehn Quadratmeter.

Die Zimmerecke wird ausgemalt, natürlich wird vorher alles mit Zeitungspapier ausgelegt, und die Ecken werden abgeklebt. Da will auch Juli mitmachen. Sie kriegt einen Pinsel in die Hand gedrückt.

»Nimm nicht so viel Farbe und schön abtropfen lassen.«

»Soll ich dir helfen, Juli?«

»Nein, ich mach das!«

Dann malt sie drauflos. Schnell ist es mit der Geduld vorbei. Da Oma die Farbe mit einer Rolle aufträgt, will sie das nun auch. Es gelingt ihr aber nicht nach ihrer Vorstellung.

»Soll ich dir helfen, Juli?«

»Nein, das hab dir eben schon gesagt, Opa!«

Der Farbauftrag entspricht auch nicht Omas Vorstellung. Das ausgelegte Zeitungspapier wird langsam zum Fleckenteppich.

»Juli, pass auf, nicht da reintreten!«

»Juli, aufpassen!

»Juli, du trittst die Farbe auf den sauberen Teppich!«

Langsam wird es Juli zu anstrengend. So schwierig hatte sie es sich nicht vorgestellt. Sie gibt die Farbrolle wortlos an Oma zurück. Die ist erleichtert.

Nun muss das Oma-Opa-Spiel gespielt werden.

»Opa, du musst wohl Oma fragen, ob das das Zimmer von Livi ist.«

Opa gehorcht.

»Oma, ist das das Zimmer von Livi?«

»Oh Opa, wie oft soll ich das denn noch sagen. Dies ist das Zimmer, das Juli kriegt. Livi kriegt das alte von Juli«, antwortet Oma.

Juli hat sich inzwischen auf ihren Kinderstuhl gesetzt, schaut Oma beim Malen zu und genießt die Situation.

»Opa, noch mal: ›Oma, ist das das Zimmer von Livi?‹«

»Oma, ist das das Zimmer, das Livi kriegt?«

»Oh nee, Opa!!! Wie oft denn noch. Bist du blöd? Das ist das Zimmer, das Juli kriegt. Nun kapier das doch endlich mal!«

»Genau«, sagt Juli, »Opa, du bist blöd!«

Ruhig streicht Oma die Wand weiter an.

Und was sagt uns das?

☞ *Schon Kinder genießen es zu befehlen.*

Wie Opa die neuen Kommunikationsmöglichkeiten zu schätzen weiß, um an neue Nachrichten von seinen Enkelkindern zu kommen

Die Errungenschaften der Neuzeit nimmt auch Opa wahr, doch kommt er kaum den Entwicklungen hinterher. Ja, gut, Internetanschluss hat er, seine Frau ein Smartphone. Auch das benutzt er manchmal, um zu sehen, wenn er nicht zu Hause ist, ob neue wichtige Botschaften für ihn da sind. Das ist meistens nicht der Fall.

Nun ist es nicht die Absicht von Opa, diese neuen Medien zu verteufeln. Im Gegenteil: Er kann jetzt auf dem Gerät in einen Modus gehen, der unter dem Namen »WhatsApp« bekannt ist. Er selbst hat noch nie eine Botschaft eingegeben, aber er kann teilhaben an den Nachrichten, die ein- und ausgesendet werden. So kriegt er die Kurzbotschaften, Bilder und Videos mit, die zwischen seiner Frau und den Töchtern laufen:

Jente ist in der neuen Hose »Super skinny« zu sehen, die Oma geschenkt hat. Leider ist sie nicht skinny genug.

Jonnas vierter Schneidezahn ist verloren gegangen, und ein Video zeigt, wie sie wie ein Cowboy reitet.

Es ist ein weißer Stuhl zu sehen, abfotografiert aus einem Werbekatalog.

»Wie findest du denn den für die Küche?«

»Schicki, aber unsere sind doch noch gut?«

»Sagtest du nicht, da wäre was kaputt, ihr braucht welche?«

»Ja, die beiden holzfarbenen. Aber die haben wir schon aussortiert und trotzdem noch genügend rumstehen gehabt.«

»Kann ich dich anrufen?«

»Lieber später, bin gerade im Flow.«

»Viel Erfolg heute!«

»Danke! Juli und ich fahren gleich ein bisschen U-Bahn, zum ersten Mal!«

»Aufregend! Mach mal 'n Foto und verliere sie nicht.«

Auf dem gesendeten Bild ist Juli zu sehen. Sie sitzt erwartungsfroh auf einer Bank und guckt in die Kamera, hinter ihr ist ein dunkler leerer U-Bahn-Schacht.

»Seid ihr noch unterwegs?«

»Jo, sind noch in Lübeck, aber gleich zurück! Ist das ein süßes Foto!!! Wie findet denn Juju Hamburg?«

»Na ja, viel haben wir von Hamburg nicht gesehen … aber U-Bahn-Fahren fand sie super.«

»Und wo seid ihr jetzt?«

»Nun sind wir zu Hause!«

»Fein, war's sehr anstrengend?«

»Nö, ging, und Juli war wieder soooo großartig.«

Hier bricht die Kommunikation ab.

Da muss der Großvater nachher unbedingt noch einmal anrufen. Da will er Genaueres wissen. So reicht ihm das nicht. Das muss er ganz genau erzählt bekommen.

Und was sagt uns das?

☞ *Das direkte Gespräch ist immer noch das intensivste.*

82

Wie man sich Sprachen nähern kann

Opa hat Probleme, den Namen des chinesischen Au-pair-Mädchens auszusprechen. Mit unendlicher Geduld wiederholt Xihuan ihren Namen. Er versucht es mit Lautschrift, aber es gibt keine Zeichen, die auch nur annähernd so klingen wie ihr Name. Er versucht, sich Brücken zu bauen, es klingt so ähnlich wie »zu schwer«, und am

Ende muss die Stimme zum Singsang in die Höhe gehen. Er bemüht sich immer wieder, aber Xihuan bekommt jedes Mal einen Lachanfall. Oder Opa könnte sich mal eine andere Eselsbrücke bauen über die Stadt, in der die Terrakotta-Armee und ebenso Xihuan zu Hause sind. Den Namen hat Opa schon oft gehört und kann ihn sich deshalb auch merken: Xi'an. Lautsprachlich: Dschi ann. Nein? Auch wieder falsch? Stimme am Ende hoch? Nein? Schade, auch wieder nicht.

Dann kommt Jonna vorbei.

»Opa, das ist doch ganz einfach, sie heißt Xihuan!«

Xihuan nickt. »Genau.«

Er versucht es erneut, wieder begleitet vom chinesischen Lachen. Jente ruft aus dem Wohnzimmer: »Xihuan, deine Freunde kommen. Xihuen auch!«

Jetzt ist Opa total verwirrt.

»Xihuan ist doch hier.«

Jente klärt ihn auf.

»Das hier ist Xihuan. Ihre Freundin heißt Xihuen. Das ist ein ganz anderer Name, hört man doch.«

Xihuan nickt. Opa hört keinen Unterschied. Es klingelt. Jente öffnet die Tür. »Ni hao!«, begrüßt sie die Freunde.

Die chinesischen Freunde lachen und antworten: »Ni hao!«

Juli ist dazugekommen und staunt.

»Was hast du gesagt?«, will sie wissen.

»Ni hao. Das ist chinesisch und heißt ›Guten Tag‹«.

Das kann Juli nicht auf sich sitzen lassen.

»Ich kann Englisch!«, sagt sie.

»Dann sag doch mal was«, sagt Jonna.

»Jetzt will ich nicht.«

»Dann kannst du das nicht.«

»Doch. Das kann ich.«

»Was heißt denn Schuh auf Englisch?«

»Schuh?«, wiederholt Juli.

»Ja, stimmt«, sagt Jonna. »und was heißt Tasse?«
»Das weiß ich grad nicht. Komm, wir spielen.«
Opa steht dabei und sagt nichts mehr.

Und was sagt uns das?

☞ *Mit dem Lernen von Fremdsprachen kann man nicht früh genug anfangen.*

KAPITEL 7

OMA, OPA, TOLL!

Wie man seine schauspielerischen Fähigkeiten entdecken kann

Joseph: »Bist müd', Maria, der Weg war weit, denn wir wanderten schon eine lange Zeit!«

Maria: »Ja lieber Joseph, kann kaum nimmer mehr gehen. Könnt ich erst die Sterne von Bethlehem sehn!«

Das waren die ersten Zeilen aus einem Weihnachtsspiel, das Opa vor über 60 Jahren zu einer Schulweihnachtsfeier auswendig lernen musste. Die Zeilen kann er heute noch. Ein einschneidendes Ereignis. Die Rolle des Joseph hatte er wohl eher ziemlich langweilig gespielt, die Maria aber doch so weit beachtend, dass man ihm den treu sorgenden Ehemann abnehmen konnte. Er vermutet mal, dass er den Text runtergeleiert hat, schnell – schnell – schnell fertig werden. Weil er sonst keine weiteren Erinnerungen an den Abend hat, kann die Vorführung keine große Katastrophe gewesen sein. Das Erlebnis auf der Bühne hat ihn dann aber auch nicht so geprägt, dass er nun den unbedingten Drang zu den Brettern verspürte, die für manche die Welt bedeuten.

Sein späterer Beruf zwang ihn aber dazu, sich seiner verschütteten schauspielerischen Fähigkeiten zu erinnern. Lehrer war er mal, ein Beruf, in dem man unbedingt schauspielerische Fähigkeiten haben sollte – und wenn nicht, sollte man sich ganz schnell darum bemühen.

So hat er gelernt, mit der Stimme zu spielen, seine Mimik und Körpersprache einzusetzen und Stimmungen wie Fröhlichkeit oder Traurigkeit mit allen Zwischentönen so zu kultivieren, dass sie Wirkung zeigen.

Daran erinnert sich Opa wieder, als die Enkelkinder ihr Kasperletheater aufbauen.

»Opa, Kasperle spielen!«

Vor dem Theater werden drei Stühle hingestellt, die Enkelkinder nehmen Platz. Im Gegensatz zu seinen Schülern herrscht bereits gespannte Erwartungshaltung, ohne dass er irgendetwas tun muss.

Und so kommen Kasperle und seine Kameraden zum Einsatz. Die Geschichten, die ihm einfallen, sind eher schlicht, genaugenommen fällt ihm gar nichts ein. Also beginnt Kasperle zunächst einmal damit, den Vorhang zu öffnen. Das erweist sich schon mal als Problem. Öffnet sich eine Seite, schließt sich die andere. Dieser dramaturgische Einfall zeigt größere Wirkung, als Opa erwartet hatte. Die Kinder schreien vor Vergnügen. Man will das Publikum ja nicht überfordern, und so wird diese Aktion ein wenig in die Länge gezogen. Vor – zurück, vor – zurück … Dann erscheint Schnecki und fragt Kasper nach dem Weg zum König. Der nasale, langsame Sprechgesang von Schnecki führt wieder zu Lachattacken im Publikum, das zeitweise vor Vergnügen vom Stuhl fällt. Als der Teufel dann völlig unmotiviert auftaucht und von allen Kloppe kriegt, findet das den uneingeschränkten Beifall der Zuschauer. Das Stück ist aus.

Opa kann den Vorhang schließen.

Und was sagt uns das?

☞ *Das Leben wird interessanter, wenn man seine Gefühle rauslassen kann, auch wenn sie nur gespielt sind.*

84

Wie man sich an längst vergessene alte Kinderlieder erinnern kann

Es gibt eine Unmenge von neu gestalteten Kinderliederbüchern, die Opa mit Vergnügen anguckt, wobei er in Erinnerungen schwelgt. Die Enkel sind überrascht, wie viele Lieder Opa mitsingen kann.

Viele Lieder lassen sich auch mithilfe eines »Ting-Hörsticks« zu Leben erwecken und längst fast vergessene Melodien wieder wach werden. In diesem Hörstift befindet sich ein Sensor, der auf das präparierte Papier des Buches gehalten wird. Dadurch wird eine Audiodatei aufgerufen, die über einen kleinen integrierten Lautsprecher das passende Lied vorspielt.

ABC, die Katze lief im Schnee
Es klappert die Mühle am rauschenden Bach
Zwei Affen rasen durch den Wald
Abendstille überall
Weißt du, wie viel Sternlein stehen?
Alle meine Entchen schwimmen auf dem See
Alle Vögel sind schon da
Der Kuckuck und der Esel
Drei Chinesen mit dem Kontrabass
Fuchs, du hast die Gans gestohlen
Hänschen klein ging allein
Schlaf Kindchen schlaf
Zeigt her eure Füße
Sonne, Mond und Sterne
Kommt ein Vogel geflogen
Es geht ein Bi-Ba-Butzemann
Der Mond ist aufgegangen
Meister Jakob
Summ, summ, summ
Ein Männlein steht im Walde
Schneeflöckchen, Weißröckchen

Und was sagt uns das?

☞ *Durch die Erinnerung an die Lieder wird auch der Zauber der eigenen Kindheit wieder ein bisschen hervorgeholt.*

85

Wie man lernt, das Internet für seine Bedürfnisse zu nutzen

Oma hat mal wieder für die Enkelkinder Schuhe, Kleider, Jacken, Pullover, Spielzeug bei Amazon bestellt. Das macht sie regelmäßig. Das Internet weist eine Unzahl von Anbietern auf. Daraus zu wählen erscheint Opa unmöglich. Oma hat damit keine Probleme. Und so jubelt sie ab und an am Computer auf:

»Oh, ist das süüüüß! Das muss ich unbedingt haben!«

Auf die schüchterne Frage, ob es nicht vielleicht doch übertrieben ist, das zu bestellen, ob es nicht besser ist, das alles mit der Tochter abzusprechen, gibt sie zur Antwort: »Wieso, wenn es zu klein, zu groß oder nicht gewünscht wird, dann kann man das ja immer noch zurückschicken! Und außerdem, wenn ich unsicher bin, mach ich sowieso erst ein Foto und schick es per WhatsApp an die Kinder.«

So klingelt fast täglich der Postbote und hält Opa seinen kleinen Handcomputer entgegen, auf dem er den Erhalt mit einem Elektrostift quittieren muss. Er überlegt, ob er dem Mann von der Post jetzt endlich mal das »du« anbieten sollte, wo man sich doch schon so lange kennt und sich so oft sieht.

»Also, ich heiße Dietrich!«

In der Bestellung ist diesmal ein Kleid von »Handmade for Uttam Kids« dabei, »fun clothing for cool kids«, Größe 116, Age 5/6, ein hochgeschlossenes blaues Kleid mit Strasssteinchen besetzt. Der Stoff glänzt silbrig. Mit einem Reißverschluss lässt sich das Kleid auf dem Rücken bis zur Taille öffnen. Abwärts von der Hüfte ist ein blauer Gazestoff aufgenäht, der das ganze Kleid umschließt. In einer Plastiktüte ist ein weißer mit Silberglanz besprayter Gürtel beigelegt. Ein Schild auf Englisch weist darauf hin, dass, wenn das Kleid nichts für den Kunden ist, man bitte dafür sorgen solle, den

Gürtel nicht zu vergessen beizulegen, sonst kann dieses Produkt nicht zurückgenommen werden.

»Das wäre doch genau das Richtige für die Goldene-Hochzeit-Feier von Oma Eli und Opa Friedi im Sommer.«

Opa gibt zu bedenken: »Denke bitte dran, dass auf einer Hochzeit der Gast nicht schöner gekleidet sein sollte als die Braut.«

Nach einer Pause sagt sie: »Und nachher müssen wir noch zu Lidl. Die haben heute Holzspielzeug, Malbücher und Puzzlespiele im Angebot.«

»Haben die Kinder so was nicht schon alles im Übermaß?«

»Das ja, aber eben noch nicht **das** Spielzeug, was es heute gibt.«

Und was sagt uns das?

☞ *Man muss nicht alles haben, was das Internet bietet, aber Oma im Kaufrausch zu bremsen ist nur schwer möglich.*

86

Wie man Sprüche über Großeltern gut oder doof finden kann

»Wenn etwas nicht gut läuft, ruf die Großmutter an.«
                                          ITALIENISCHES SPRICHWORT

»Was Enkelkinder am meisten brauchen, ist das, wovon die Großeltern am meisten haben: Ruhe, Geduld, Lebensklugheit, materiellen Reichtum, Humor, Zeit und – vor allen Dingen immer etwas zum Naschen in der Tasche.« RUDOLPH GIULIANI

»Junge Menschen brauchen etwas Stabiles in ihrem Leben, etwas, auf das sie sich verlassen können: ein Gefühl für kulturelle Identität und ein Gefühl für die eigene familiäre Vergangenheit. Das können Großeltern geben.« UNBEKANNT

»Wenn Großeltern ins Haus kommen, geht die Disziplin den Bach runter.« OGDEN NASH

»Es gibt viele Väter, die nicht ihre Söhne lieben, aber keinen Großvater, der nicht seinen Enkelsohn anhimmelt.«

VICTOR HUGO

»Großeltern sind das Rückgrat jeder Familie, die Wurzeln des Lebens, eine Notwendigkeit jeder Familie.« UNBEKANNT

»Wenn aber gesagt worden ist, man solle die Großeltern nach- ahmen, dann schließt das aber aus, dass man ihre Fehler nicht wiederholen sollte.« CICERO

»Sich seiner Vorfahren erinnern ist wie an Kartoffeln denken. Die meisten liegen unter der Erde.« FRANZÖSISCHES SPRICHWORT

»Erst wenn man weiß, wie die Enkel ausgefallen sind, kann man beurteilen, ob man seine Kinder gut erzogen hat.« UNBEKANNT

»Ein Mensch, der nicht weiß, wo er herkommt, und nicht weiß, wo er hingeht, ist wie der Wind in der Prärie.«

INDIANISCHES SPRICHWORT

»Wenn du ein Enkelkind hast, dann hast du zwei Kinder.«

JÜDISCHES SPRICHWORT

»So, nun reicht's mir … Jetzt zieh ich aus und geh zu Oma und Opa.« JULI

Und was sagt uns das?

☞ *Enkelkinder haben die Menschen auf der ganzen Welt schon immer beschäftigt.*

Wie einem Lieder über Beziehungen von Großeltern zu Enkelkindern guttun können

Mit Liedern, die man selbst gut findet, ist das so eine Sache. Es ist, wie vieles im Leben, Geschmackssache. Was dem einen gefällt, kann der andere nicht ausstehen. So wird es mit dieser Liste auch sein, sie ist subjektiv und völlig unausgewogen – egal, da muss man jetzt durch:

Grandpa, Tell Me 'bout The Good Days von The Judds
Eine Country-Schnulze, in der erzählt wird, dass Großvater von gestern erzählen soll, als die Welt noch in Ordnung war. Lass uns zurückgehen in die Vergangenheit und mal mir ein Bild von früher.

In My Life von den Beatles
Ein Lied, das die Perspektive von jemandem einnimmt, der sich an früher erinnert und mit Wehmut an die alten Zeiten denkt. Bestimmt werden sich die Enkelkinder später einmal an früher erinnern und an die Leute denken, die sie sehr geliebt haben.

Everything I Do von Bryan Adams
Dieses Lied erzählt von jemandem, der sehr verliebt ist und diese Person mit seinen Schmeicheleien für sich gewinnen will. Die Person, die da angesungen wird, könnte eine Frau, ein Mann oder aber auch ein Enkelkind sein.
   »*Ya know it's true*
   Everything I do – I do it for you.«

Grandpa Told Me So von Kenny Chesney
Es werden Lebensweisheiten eines Großvaters erzählt wie:
• Wenn du nie ins Wasser gehst, lernst du auch nie schwimmen.

- Eine Schlange hat genauso viel Angst vor dir wie du vor ihr.
- Leben ist für das Leben gemacht.
- Die beste Liebe ist die, die du zu geben in der Lage bist.

An anderer Stelle erzählt Kenny Chesney von Betty Thompson, die ihm das Herz brach, und dass Großvater es war, der ihm dabei half, darüber hinwegzukommen. Ja, und Kenny Chesney glaubt an die Weisheiten, die Großvater ihm gesagt hat, eben ein Lebensberater in allen Situationen.

What A Wonderful World Louis Armstrong
Ein Heile-Welt-Lied – aber ein sehr schönes! Armstrong berichtet von sich, was er alles sieht und sichtet, ein Spinner eben. Er sieht Leute, die zu einem sagen: »Na, wie geht's?«, aber eigentlich meinen: »Ich liebe dich!« Er hört Babys schreien, sieht, wie sie aufwachsen. Und eines Tages werden sie mehr wissen, als er je gewusst hat.

Imagine von John Lennon
John Lennon singt davon, dass man sich vorstellen sollte, das alle Menschen in Frieden leben. Er ist sich dessen bewusst, dass man ihn für einen Träumer halten könnte, aber er ist eben nicht der einzige auf der Welt, der so denkt. Eines Tages wird die ganze Welt zusammenstehen und eine neue Welt schaffen ohne Besitz, Gier und Hunger, eine Gemeinschaft aller Menschen.

Wenn er sich da mal nicht irrt. Für die Enkelkinder wünschen sich die Großeltern allerdings eine solche Welt. Eben: »Stell dir vor!«

Meine Oma fährt im Hühnerstall Motorrad, gesungen von verschiedenen Interpreten
Endgeil.

Und was sagt uns das?
☞ *Wer Musik hört und singt, macht nichts verkehrt.*

88

Wie man lernt, dass Enkel einem etwas geben können und umgekehrt

Es ist ja nicht so, dass Großeltern nur Altruisten sind, Menschen, die sich wie Mutter Teresa für ihre Enkelkinder aufreiben. Sie bekommen ja auch etwas zurück. Sie bekommen die uneingeschränkte Liebe des Enkelkindes.

Das Gefühl, gebraucht zu werden, gibt ihnen neuen Lebensmut, Elan und Freude, sich mit den Ereignissen in der Familie und mit dem weiteren Umfeld auseinanderzusetzen. Sie kommen halbwegs wieder auf die Höhe der Zeit.

Zu sehen, wie ein Kind in eine neue Zeit hineinwächst, zu einer neuen Generation gehört, dass etwas von ihnen bleibt, weiterlebt in den Enkeln, kann enorm befriedigend sein. Ein Energiespender für die Großeltern, Superbenzin und Schmieröl für den schon etwas klapprigen Wagen.

Auch sind sie für die nächste Generation die Bewahrer der Sprache. Opa benutzt manchmal Worte, die aus der Mode gekommen sind. Er merkt es immer dann, wenn die Enkel ihn groß angucken und fragen: »Was ist das? Was meinst du?«

Opa geht »einholen« und nicht »einkaufen«.

Er sagt: »Nun mach mal keine Fisimatenten« statt: »Mach mal keinen Blödsinn.«

Er »schnackt« und »redet« nicht.

Sagt: »Gib Obacht!« statt: »Pass auf!«

»Es pressiert!« statt »Es ist eilig!«

Er benutzt »nach Gutdünken« oder »aus der Lamäng« statt »nach Gefühl«.

»Nu ist aber Feierabend!« statt: »Jetzt ist aber genug!«

»Das geht mir auf den Senkel!« statt: »Das geht mir auf die Nerven!«

»Da sagen sich Fuchs und Hase Gute Nacht!« statt: »Da ist nichts los!«

»Da liegt der Hund begraben« statt: »Das ist das Problem.«

»Was muss ich wissen, was ich noch nicht weiß?« statt: »Gibt's was Neues?«

»Nun mach hier mal nicht den sterbenden Schwan!« statt: »Stell dich nicht so an!«

Er benutzt merkwürdige Redensarten wie:

»Wenn du nicht gehorchst, musst du barfuß zu Bett!«

»Wer nie sein Brot im Bette aß, weiß nicht, wie Krümel piken.«

»Davon versteh ich nicht die Bohne.«

»Bei dem ist Hopfen und Malz verloren.«

»Des Menschen Wille ist sein Himmelreich.«

»Oben klar und unten dicht, mehr wünsch ich mir fürs Leben nicht.«

Die Großeltern essen keine »Grapefruit« sondern eine »Pampelmuse«, keine »Orangen« sondern »Apfelsinen«, kaufen auf dem Markt »Rauke« und nicht »Rucola«.

Sie gehen auf den »Schwoof« statt in die »Disco«.

Sagen »Holzbock« statt »Zecke«.

Sie sagen »Negerkuss« und denken sich nichts dabei, obwohl das nun wirklich rassistisch gedeutet werden kann. Aber so sagte man früher, ohne Absicht, jemanden zu verletzen, gedankenlos eben. Ja, wie sagt man denn heute, wenn es nicht anstößig sein soll? Ist die Umschreibung »Mit Schokolade überzogenes Eierschaumbällchen auf Waffelgebäck« nicht doch ein bisschen weit hergeholt?

Auch isst er gerne »Mohrenköpfe«, ein mit Vanillepudding gefüllter Biskuitteig.

Ja, man kann viel lernen von den Großeltern, aber man kann als Enkelkind auch für sich feststellen, dass manche Begriffe wirklich überholt sind. Und das können wiederum die Großeltern lernen, denn sie sind ja »cool«! Den Begriff haben sie übernommen, denn sie sind ja keine alten Leute, »Friedhofsdeserteure«, wie sie ja wohl in der Jugendsprache genannt werden. Zum »Abchillen« kann ja der Vollpfosten mit seiner Tussi dann einen »Mojito« alken, dazu eine Fossilscheibe in Umlauf bringen und dazu abrocken.

Und was sagt uns das?

☞ *Sprache ist eine lebendige Sache. Sie verändert sich mit der Zeit. Und das ist auch gut so.*

Wie man Jentes Sprachentwicklung verfolgen kann

Jente ist ein Kaiserschnittkind. Für Jente gab es keine Möglichkeit, normal auf die Welt zu kommen. Es musste so sein. Eine »Sectio caesarea«, wie der Fachmann sagt, bedeutet aber auch, dass nicht alle Reflexe so ausgeprägt sind, wie es normalerweise sein sollte. Das muss nicht passieren, passiert aber häufig.

Experten meinen, dass dem Kind etwas fehlt, das Fehlen der Kompression im Geburtskanal – wichtiger Teil der Lebens-erfahrung, denn dabei werden lebenswichtige Reflexe in Gang ge-setzt. Die Gefahr, dass das Kind später einmal Asthma, Arthritis, Allergien kriegt, sei größer als bei einem Kind, das normal geboren wird.

Das erste halbe Jahr ihres Lebens verbrachte sie fast nur schla-fend, sodass man schon glaubte, man müsse sich Sorgen machen. Sie reagierte kaum auf äußere Reize, das erklärt die Annahme der Ärzte, dass entscheidende Phasen weggefallen sind, die wiederum nötig sind, um das Gehirn zu stimulieren. Inzwischen hat sich durch die Jahre vieles stabilisiert, auch durch regelmäßige Kranken-gymnastik.

Das Sprechen war anfangs verzögert. Jente berichtet im dritten Lebensjahr, dabei wild gestikulierend, mit großen Augen von ihrem

Hund, der eine Maus gefressen hat: »Emma, Maus, Hopps, Maus weg! Futsch!«

Jonna fordert Jente auf:

»Sag ma MAMA!«

»Baba!«

»Nein, nicht Papa, sag MAMA.«

»Baba!«

»Na gut, sag mal PAPA!«

»MAMA!«

Die Sprachentwicklung ist aber auch bei Jente nicht aufzuhalten.

»Opa, kannst du auch ›Eierschalensollbruchkantenverursacher‹ sagen?«

»Was?«

Und was sagt uns das?

☞ *Kinder entwickeln sich unterschiedlich, da ist man oft mit Geduld am besten beraten.*

90

Wie ein Theaterbesuch bei Enkelkindern Eindruck macht

Heute sind die Kinder mit ihren Kindern bei den Großeltern, es soll ins Kindertheater gehen. *Die Eiskönigin* wird gezeigt, alle zusammen in einer Reihe, platzierte Plätze, zweite Reihe. Jente fängt an zu weinen, will auf den Arm der Mutter und jammert: »Nein, nein!«

Was ist los mit ihr? Sie ist doch sonst nicht so ängstlich.

»Was hat sie denn?«

»Vielleicht kommt da ein Wolf oder ein Fuchs!«

Sie hat Angst, will da nicht sitzen. Es ist ihr alles zu dicht. Das ist ihr unheimlich. Da will sie dann lieber wieder gleich nach Hause.

In den hinteren Reihen sind noch ein paar Plätze frei, und so geht die Mutter mit ihr nach hinten. Nach kurzer Zeit sind sie wieder da. Nun will Jente doch vorne sitzen.

Aus dem Vorhang kommen zwei Krähen gekrochen. »Katastrophe! Krääta-strophe!«, krächzen sie.

Kai, der Freund von Gerda, wird von der Eiskönigin aus der Wohnung seiner Familie entführt. Die Enkelkinder sind gebannt, jedes zeigt auf seine Art Anteilnahme. Jente sitzt mit offenem Mund auf dem Schoß der Mutter, die Augen starr nach vorne gerichtet. Jonna sitzt auf dem vorderen Rand des Klappstuhls und steht alle paar Minuten vor Aufregung auf. Juli dreht in den Haaren und hält die Hand der Mutter fest. Oma und Opa sind weniger an dem Geschehen auf der Bühne interessiert. Sie beobachten ihre Enkelkinder aus den Augenwinkeln und freuen sich.

Nach einer Dreiviertelstunde ist Pause. Jente will keine Pause. Es soll weitergehen. Das passiert aber erst in 20 Minuten. So bleibt Zeit für die Toilette und ein Eis.

Weiter geht's. Kai wird aus dem schlechten Einfluss der Eiskönigin befreit und findet wieder zu Gerda. Wunderbar! Am Ende verneigen sich alle Darsteller, und alle Besucher klatschen. Jente verkündet, dass sie hier nicht mehr weg will. Sie will warten, bis es weitergeht.

Am Abend vor dem Einschlafen fragt Opa Juli:

»Na, wie hat dir denn heute das Theater gefallen?«

»Toll!«

»Und was war am besten?«

»Alles.«

Nach einer kurzen Pause fragt sie: »Ihr passt doch alle auf mich auf. Da kann doch nichts Böses in unser Haus reinkommen, oder?«

Und was sagt uns das?

☞ *Über Erlebtes muss man sich austauschen.*

Wie Sprüche der Enkelkinder
die Großeltern zum Lächeln zwingen

Marthe muss auf die Toilette. Es ist stockdunkel. Als sie zurückkommt, tastet sie sich zum Bett. Dann hört sie ein: »Hallo Mama!«
und ein Kichern aus ihrem Bett.
»Ooch Jonna!«
»Nich schlimm, Mama, das passt schon.«

Marthe fällt in der Küche die Küchenrolle runter. Da sie Jente auf
dem Arm hat, kann sie sich schlecht bücken und fragt deshalb
Jonna.
»Ja gerne, Mama. Du musst mich nur lieb fragen.«

Opa erzählt Jonna, dass er das Kabel der Heckenschere durch-
geschnitten hat. Die ist nun kaputt.
»Dann musst du das Papa geben. Der macht die heil. Mein Papa
kann ALLES! Der kann auch den Fahrradsattel höher stellen!«

»Wir wollen noch kurz zu Lidl, okay?«
Als sie auf dem Parkplatz sind, fragt Jonna:
»Und wo sind Opa und Lilly?«
»Häh? Warum denn Opa und Lilly?«
»Hast du doch gesagt, wir fahren da noch hin.«
»Ah, nein! Nicht zu Lilly und Opa Diedl. Zu Lidl.«

Jonna findet eine Schnecke an der Straße und will sie mit ins Auto
nehmen.
»Ist sie denn leer?«
»Ja ----, die ist vielleicht einkaufen.«
»Gut, wenn sie leer ist, kannst du sie mitnehmen.«

»Nee, Mama, wenn die Schnecke vom Einkaufen kommt, findet sie ihr Haus ja nicht mehr.«

Die Familie fährt spät nach Hause. Jonna ist im Auto eingeschlafen. Damit sie weiterschläft, wird sie angezogen ins Bett gelegt. Am Morgen schreit Jonna: »MAMA! Du hast nicht aufgepasst! Ich bin noch angezogen!«
Vorwurfsvoll steht sie da.
»Kuck mich ma an, Mama!«

Jonna hüpft im Wohnzimmer zum Soundtrack vom Film *Bibi und Tina* auf dem Sofa über die Kissen. Dann nimmt sie ihr Spielhandy aus der Tasche: »Ja? … Hallo? … Ja, ich bin gerade am Reiten. Ich muss mich konzentrieren.«

Uroma Henny wird von den Enkelkindern nur »Oma Handy« genannt.
»Oma Handy hat hier überall so dolle Schnitte (Falten).«

Kristof hat seit Kurzem einen sprachgesteuerten Computer: »Alexa«. Der beantwortet ihm fast alles, was er wissen möchte. Jente möchte sich nun auch einmal mit »Alexa« unterhalten. Dazu muss man »Alexa« sagen, bevor der Computer reagieren und Fragen beantworten kann.
»Aleksha«, sagt Jente. Darauf kann der Computer nicht antworten, denn er erkennt nicht seinen Aufruf.
»Aleksha!«, jetzt schon etwas ungehaltener und lauter. Auch beim dritten Mal reagiert er nicht.
»Alexa, du bist blöd!«, sagt sie diesmal laut und deutlich. Und endlich, diesmal reagiert Alexa: »Na, na, na! Das ist aber nicht nett von dir!«
Jente guckt verblüfft, läuft zu Mama und beschwert sich, dass Alexa sie beschimpft hätte.

»Du musst aber auch nett mit Alexa reden«, sagt Marthe.
»MAMA, sie hat ja angefangen!«, entrüstet sich Jente.

»Die Flasche meckert ins Glas.«

»Mama, dusch erst mal Jente, damit wir das Gequake schon mal haben.«

»Piepen die Vögel in Dänemark anders?«

»Was gibt's heute bei euch zu essen?«
    »Das weiß ich nicht. Woher soll ich das wissen, das weiß Mama ja nicht einmal.«

»Die Hühner haben es gut. Wenn sie Hunger haben, brüten sie ein Ei und essen es.«

Beim Betrachten des Hinterkopfes von Opa: »Opa, deine Haut wächst ja über die Haare.«

»Ich hab eben gegähnt. Aber ich bin nicht müde. Nur mein Mund.«

Und was sagt uns das?
☞ *Kindersprüche unbedingt aufschreiben, da sie sonst vergessen werden.*

Wie man eine Fahrt zum Urlaubsort übersteht

Der Urlaub an der dänischen Nordseeküste steht an. Da die Eltern von Jonna und Jente noch beruflich verhindert sind, sollen Oma und Opa die beiden zum Urlaubsort mitnehmen. Die Eltern wollen ein paar Tage später nachkommen. So geschieht es. Oma und Opa erhalten noch ein paar Instruktionen mit auf den Weg.

»Jonna darf unterwegs nicht lesen und nicht ›Tablet‹ spielen. Ihr wird sofort schlecht. Ihr nehmt besser eine Spucktüte mit. Eventuell müsste sie dann vorne sitzen. Wenn Jente sagt, dass sie mal muss, muss es sehr schnell gehen. Länger als drei Minuten kann sie dann nicht mehr aushalten. Sie pieschert aber problemlos überall hin.«

»Na, das kriegen wir schon hin!«, beruhigt Oma.

Nach der Abfahrt von zu Hause fragt Jente nach zehn Minuten: »Oma, Opa! Wann-sind-wir-endlich-daha?«

»Oh, Jente, das dauert noch ganz, ganz lange.«

Es müssen nun Bespaßungsaktionen ausgedacht werden. Oma sagt: »Schätzt mal. Wie lang ist eine Minute? Aber nicht auf die Uhr gucken. Ich sage ›Jetzt‹ und ihr sagt ›Stopp‹, wenn ihr meint, dass eine Minute um ist. Und ... jetzt!«

Nachdem zwei Minuten vergangen sind, sagt Oma: »Na, meint ihr nicht, dass die Zeit allmählich um ist?«Sie dreht sich zu den beiden um.

»Jetzt!«, ruft Jonna.

»Jetzt!«, ruft Jente.

»Ein bisschen zu spät. Das üben wir mal, passt auf. Ich sage: ›Jetzt‹ und dann sag ich ›Stopp‹, wenn eine Minute um ist, okay?«

»Gut.«

»Wann sind wir endlich in Urlaub?«, kräht Jente dazwischen.

»Jente, das dauert noch ganz lange.«

»Das macht sie immer«, erklärt Jonna. »Die kapiert das einfach nicht. Das macht sie auch, wenn wir in den Kindergarten fahren. Oma, weitermachen. Du musst jetzt ›Jetzt‹ sagen und ich sag dann ›Stopp‹.«

»Jetzt.«

»Stopp!«

»Das war zu früh, Jonna. Das war noch nicht mal eine halbe Minute,« sagt Oma.

»Jonna kann das nicht, Jonna kann das nicht, Jonna kann das nicht …«, ruft Jente.

»Sei doch still, du kannst das ja selber überhaupt nicht! Oma, noch mal!«

Jonna trifft die Minute dieses Mal fast genau.

»Siehste, Jente. Ich kann das doch!«

Das Navigationsgerät zeigt noch drei Stunden zehn Minuten an. Ein neues Spiel muss her. »Kennt ihr, ich packe meinen Koffer?«, fragt Oma.

»Jaaaa! Das ist guhut!«

»Also los. Ich packe meinen Koffer. Ich packe eine Brille ein. Und jetzt Jonna.«

»Ich packe eine Hose ein.«

»Nein, du musst erst das sagen, was ich gesagt habe. Also: Ich packe meinen Koffer. Ich packe ein: eine Brille und eine Hose.«

Jonna wiederholt: »Ich packe in meinen Koffer eine Brille und eine Hose.«

Jente: »Ich packe in meinen Koffer Stinkesocken ein.«

»Fahalsch! Jente, du musst die anderen Sachen wiederholen. Du musst sagen: ›Ich packe in meinen Koffer eine Hose, eine Brille und Stinkesocken ein‹.«

»Das will ich nicht mehr spielen«, sagt Jente.

»Du bist blöd. Na gut, dann eben: Ich sehe eine Farbe, die du nicht siehst, und die ist blau.«

»Das Straßenschild!«

»Nein!«

»Ist das vorn im Auto?«

»Ja!«

»Opas Pullover!«

»Ja, richtig.«

Sehr lange lässt sich dieses Spiel auch nicht spielen. Das Navi sagt zwei Stunden fünfzig Minuten. Im Radio läuft ein Lied von Ed Sheeran. Er singt was von einem Galway Girl. »She played the fiddle in an Irish band but she fell in love with an English man.«

»Kenn ich!«, ruft Jonna. Sie singt was von einem ›Golwigüöl‹. Der Rest variiert zwischen »Na, na, na« und undefinierbaren Lauten.

»Wann-sind-wir-endlich-in-Urlahaub?«, fragt Jente.

»Jente, du kannst tausendmal fragen, das geht dann auch nicht schneller! Wir sind ja noch nicht mal in Dänemark!«, belehrt sie Jonna.

Vor der Grenze nach Dänemark ist ein Stau. Es ist Samstag, Bettenwechsel in Dänemark, damit war zu rechnen. Es geht aber doch zügiger als erwartet, die Grenzbeamten winken die Autos durch.

»Ich muss ma!«, sagt Jente. Von Marthe wissen Oma und Opa ja, dass es jetzt nicht mehr lange gutgeht. In den nächsten Minuten muss was passieren, sonst geht es im wahrsten Sinne in die Hose.

»Ich hab eben ein Hinweisschild für eine Raststätte gesehen, das kann nicht mehr weit sein. Halt durch, an der Autobahn können wir nicht anhalten!«, sagt Oma. Und tatsächlich, nur noch 1000 Meter bis zur Raststätte.

Die Raststätte ist rappelvoll, kein Parkplatz.

»Lass mich raus. Ich geh schon mal mit Jente!«

Vor der Toilette ist ein Drehkreuz und davor steht eine zwanzig Meter lange Schlange. Oma sieht, dass vor dem Drehkreuz Geld in einen Automaten gesteckt werden muss. In der Eile hat sie kein Geld mitgenommen.

»Komm, Jente, Oma muss noch Geld holen!«

Zum Glück kommen ihr Opa und Jonna schon entgegen. »Schnell, ich brauch Geld!«, ruft sie Opa zu. Zurück zur Warteschlange. Jente tritt von einem Bein auf das andere. Oh Gott, denkt Oma, das hält sie nie im Leben so lange durch.

»Können Sie uns vorlassen? Mein Enkelkind ist in Not!!«, sagt Oma zu der vor ihr wartenden Frau. Diese nickt gnädig. So arbeitet Oma sich langsam voran. Gleich geschafft, nur noch eine Person.

»Wieso? Ich muss auch nötig.«

Es trifft sie ein Blick, als wenn sie sich beim Bäcker oder im Postamt vorgedrängelt hätte. Die Frau scheint aber doch die Dringlichkeit zu spüren und lässt Oma und Jente vor. Sie passieren das Drehkreuz. Vor dem Toilettenraum ist erneut eine Schlange. Jente sagt nichts mehr, geht nur noch mit gekreuzten Beinen vorwärts. Oma fragt sich wieder vor.

Geschafft! Auf die letzte Sekunde.

»Ich hab Durst!«

»Ich hab Hunger!«

»Wir haben im Auto was zu essen und zu trinken.«

»Ich möchte aber gerne Pommes. Bitte Oma, bitte Opa.«

Im angrenzenden Restaurant gibt es Pølser mit Pommes, Ketchup und Majo. Am Nebentisch sitzen rothaarige Zwillinge, etwa in Jonnas Alter. »Weißt du, wie die heißen?«, flüstert Jente Oma ins Ohr. Eines der rothaarigen Mädchen sagt: »Ich habe genau gehört, was du gesagt hast!«

Jente überlegt.

»Wenn du wissen willst, wie sie heißt, frag sie doch!«, sagt Oma.

Jente schweigt. Dann wendet sie sich einem der Mädchen zu: »Wir haben zu Hause Pferde.«

»Wir haben auch ein Pferd. Mit Koppel!«

»Wir haben aber ganz viele Pferde. Und viele Koppeln.«

»Und wir kommen von ganz weit weg – aus Polen.«

»Und wir kommen auch von ganz weit weg – aus Schwentinental!«

Danach ist das Gespräch beendet. Die Fahrt kann weitergehen.

Fünf Minuten später.

»Ich muss ma.«

»Jente, du warst doch grad auf der Toilette.«

»Da hab ich Aa gemacht, jetzt muss ich pieschern.«

Opa fährt bei der nächsten Ausfahrt ab und hält an. Inzwischen hat es angefangen zu regnen. Oma hält Jente ab, und so erhält das dänische Gras zusätzliche Feuchtigkeit. Als Oma wieder einsteigt, fragt Jonna: »Oma, habt ihr geduscht?«

Jetzt versuchen sich Jonna und Jente mit ausgedachten Texten im Schnellsprechen:

»Delfi Relfi,

ding dong!

Hollerflasche,

Tollerwatschel,

Delfi Relfi,

ding dong!

Knallbonbon.«

Dabei schütten sie sich aus vor Lachen. Ein dänischer Radiosender bringt seine »Top tyve«, die 20 beliebtesten aktuellen Popsongs des Landes. Miley Cyrus singt: »I never came to the beach or stood by the ocean. I never sat by the shore, under the sun with my feet in the sand.«

»Kenn ich!«, sagt Jonna und singt wieder in ihrer Spezialsprache mit. Zwischen den Songs erfährt man Wichtiges aus der Region:

In Herning kann man »flotte bluser« kaufen.

Eine Køreskole in Esbjerg macht auf sich aufmerksam.

In Ringkøbing gibt es »planter og blomster« in einer »Planteskole«.

»Wann-sind-wir-endlich-in-Urlaub!!!«, ruft Jente eindringlich. Auch Jonna fängt an, schlapp zu machen. Sie stöhnt laut und kippt mit dem Kopf seitlich auf die Badetasche. »Dauert es noch lange?«

Die Dünen der dänischen Westküste tauchen auf. »Gleich sind wir da!« sagt Opa. Das Navi sagt zwanzig Minuten bis zum Ziel.

Und was sagt uns das?

☞ *Dänemark ist gar nicht so langweilig wie man denkt, schon die Fahrt dorthin kann sehr abwechslungsreich sein.*

93

Wie man Urlaub in Dänemark machen kann

Endlich, endlich angekommen! Wie lange hat das bloß gedauert! Das Meer, die Nordsee, wie schön! Obwohl, die Nordsee gibt es in Dänemark gar nicht. Hier gibt es die »Vesterhavet«, die Westsee. Sie ist aber genauso wild wie in Norddeutschland.

»Jente, komm, wir laufen zum Wasser. Kannst du die Düne schon alleine runterlaufen?«

»Tüllich!«

Und so geht es über die Dünen runter zum Wasser. Der Wind hat die Gischt an den Strand gespült. Manche Wellen laufen weit auf den Strand. Und so stehen die Enkelkinder mit ihren kleinen Beinchen auf einmal tief im salzigen Nordseewasser und drohen, umgerissen zu werden. Oma und Opa passen natürlich auf.

Da kommt kurz die Sonne heraus und taucht die salzige Luft in einen seidigen Glanz. Die Strandmuschel wird aufgebaut und gibt allen den nötigen Schutz gegen den Wind, der aus westlicher Richtung kommt. Die Creme gibt Schutz gegen die Sonne.

»Opa, Drachen steigen!«

Der Drachen wird von den Enkelkindern gehalten, und Opa braucht mit der Drachenleine nur ein wenig gegen den Wind zu laufen, und schon steigt er hoch und tanzt schließlich am Himmel hin und her.

»Opa, ich will auch mal halten!«

Plötzlich stürzt aus unerfindlichen Gründen der Drachen ab und trifft eine nichtsahnende sonnenbadende Frau. Das ist Opa sehr peinlich, und so muss er sich entschuldigen und ist erleichtert, dass bis auf seinen und ihren Schreck nichts weiter passiert ist. »Das nächste Mal sollten Sie besser aufpassen«, sagt sie. Wie recht sie hat.

Nun wird eine Sandburg geschaufelt, die aber doch bald von der auflaufenden Flut verschlungen wird.

»Opa, warum kommt das Wasser immer näher?«

»Das hat was mit dem Mond zu tun.«

»Mit dem Mond?? Opa, du spinnst.«

Er sieht von weiteren Erklärungen ab. Da die Sonne sich wieder hinter den grauen Wolken versteckt, verlässt die Familienkarawane den Strand Richtung Ferienhaus, wo man sich unter der Dusche vom Sand, Schweiß und Sonnenöl befreit. Was nun?

»Oma, Opa, kann ich ein Eis?!«

Eis gibt es im nahegelegenen Fischerort. Auf dem Weg dorthin sagt Jonna: »Mama, da ist ein Fisch.«

»Wo?«

»Da, auf der Straße.«

»Mmh. Das glaub ich nicht.«

Jente: »Ich auch nicht.«

Jonna: »Ich auch nicht.«

Am Eisstand gibt es Fløde-Is und darüber eine Schokoladenkruste. Bezahlt werden muss mit Dänischen Kronen. Opa muss umrechnen – ein Euro sind über sieben Dänische Kronen. Das 5-Kronen-Stück ist so groß wie eine kleine Untertasse, und einige Münzen haben ein Loch in der Mitte. Warum? Damit man einen Faden durchziehen kann und sich das Geld um den Hals hängen kann?

»Opa, warum sieht das Geld hier anders aus?«

»Weil wir in Dänemark sind. Das ist ein anderes Land.«

»Aber als wir in Spanien waren, hatten die dasselbe Geld. Das ist doch auch ein anderes Land, oder?«

Nun hat Opa wieder Erklärungsprobleme.

»Aufpassen! Nicht kleckern!«, sagt Opa. Eine sinnlose Forderung.

Die Großeltern und die Eltern der Kinder haben nebeneinander Ferienhäuser gemietet.

»Ich gehe mal zu Oma und Opa rüber.«

Nachdem Jonna wieder zurück ist: »Puh – war das anstrengend da! Ich hab den Tisch abgeräumt, gewischt und abgetrocknet – jetzt muss ich mich erst mal ausruhen.«

Gleich in der Nähe der Ferienhäuser kann man sich Pferde ausleihen oder in der Gruppe einen Ausritt machen. Das will Jonna unbedingt machen. Das Ausreiten ist aber nur ein Schrittausritt am Strand.

»Ich schlaf gleich ein, können wir auch mal traben?«

Der Schwiegersohn hat seine Angelausrüstung mit. Er geht zum Angeln an einen Fischteich, in dem Forellen ausgesetzt sind. Dafür muss man eine Gebühr zahlen. Er verschwindet frühmorgens und erscheint erst wieder zum Abend. Manchmal schleppt er sieben Forellen an. Wer soll das essen? Man kann sie ja einfrieren.

Jonna: »Papa hat immer nur Angeln im Kopf und wir immer nur Reiten, ne Mama?«

Beim Abendessen stellt Jonna fest: »Mama, ich möchte lieber nicht mehr leben, sonst werde ich ein Schulkind und verliere einen Zahn. Wenn ich ein Brot esse und dann verschluck ich den.«

Jente albert herum.

Jonna: »Wenn Jente immer so viel Quatsch macht, kann man gar nicht glauben, dass sie zu uns gehört.«

Jonna sieht sich mit ihrer Mutter ein Buch über den Wald an. Beim Kapitel über Pilze sind giftige und essbare abgebildet. Das Fazit: Lieber keine Pilze essen, die man draußen findet. Sie könnten giftig sein.

Jente: »Aber die bei Aldi sind nicht giftig, oder? Mama?«

»Nein, natürlich nicht.«

Jonna fragt: »Gehen wir morgen wieder an den Strand?«

»Kommt darauf an, wie das Wetter wird.«

Opa sagt: »Wie wird es schon sein. Wie immer in Dänemark. Nass, kalt, stürmisch, grau und wenn wir Glück haben auch ein bisschen Sonne.«

Und was sagt uns das?

☞ *Auch in Dänemark machen sich Enkelkinder ihre eigenen Gedanken.*

94

Wie man einen Rheinischen Winterrambur pflanzen kann

Der Rheinische Winterrambur ist ein Apfelbaum von robustem und großem Wuchs. Er kann sehr alt werden. Die Äpfel des Baumes verändern ihre Schale im Laufe der Reife von grün zu goldgelb. Sie haben einen leicht süßlichen Geschmack und können gut gelagert werden. Zum Verzehr eignet er sich besonders gut in der Winterzeit. Ja – so ein Baum muss her und soll auf einer Wiese gepflanzt werden. Warum?

Julis Anwesenheit auf der Welt soll durch diesen Baum besonders gefeiert werden. Er soll ein Zeichen für sie und andere sein. Das haben Oma Eli und Opa Friedi so beschlossen. Wenn die Eltern ihr Kind nicht taufen lassen und sich nicht den Ritualen der Kirche unterordnen wollen, dann muss ein anderes Zeichen gesetzt werden – ein Baum.

Der beauftragte Gärtner hat zur Feier bereits alle Vorkehrungen getroffen. Der Baum steht mit seinem Wurzelwerk neben der ausgehobenen Grube, die aufgehäufte Erde liegt bereit, um den Baum einzupflanzen, Gießkannen sind ebenso vorhanden. Julis Eltern setzen den Baum in die Grube. Es wird Erde eingeschaufelt und dann mit Wasser begossen. Der Gärtner richtet noch einmal den Baum, damit er auch schön gerade wachsen kann. Der Baum bekommt noch eine Plastikmanschette um den Stamm, damit das zarte Pflänzchen nicht schon gleich vom Verbiss der Tiere eingeht.

»Patin für diesen Baum ist Juli von Horn«, steht auf dem Schild vor dem Baum, auf dem auch der »Förderverein für das Prinzenhaus und den Schlossgarten« erwähnt wird, ebenso die Sponsoren des Schildes: ein Malereibetrieb, eine Lebensversicherung, ein Architekt, ein Werbebüro und eine Baustoffhandlung.

Baum Nummer 112. Welch ein Zufall. Das ist auch die Notrufnummer.

Wird er anwachsen? Braucht er Unterstützung? Wird er einmal Äpfel tragen? Fragen, die man jetzt noch nicht beantworten kann, aber Hoffnungen entstehen – für den Baum und für das Kind. Der Baum soll gedeihen, auch das Enkelkind Juli soll gedeihen und eine glückliche Zukunft haben. Ein wunderbarer symbolischer Brauch – Himmel und Erde verbinden sich.

Die Familie hat ihren Baum, zu dem sie immer wieder über die Jahre zurückkehren können. Vielleicht wird er ja mal ein großes Kronendach haben, durch das der Wind flüstert und der Schutz bietet gegen das Wetter.

Unter dem Dach eines danebenstehenden Pavillons stehen schon Kaffee und Kuchen bereit. Es beginnt zu regnen.

Und was sagt uns das?

☞ *Ein Baum ist ein schönes Symbol für das Leben, das Wachsen und Vergehen.*

95

Wie Bilder die Aufmerksamkeit der Enkelkinder finden können

Jonna besucht die Großeltern. Sie bleibt über Nacht. Am nächsten Morgen steigt sie zu Oma und Opa ins Bett. Sie plappert ununterbrochen. Dann fällt ihr ein Bild auf, das an der Wand hängt. Es zeigt eine nackte Frau, die sich an einem Mohnblütenstiel festhält.

»Opa, wer ist die Frau? Ist das Oma?«

»Nein, das ist nicht Oma.«

»Wer ist das denn? Kennst du die?«

»Nein, das ist irgendeine Frau.«

»Warum kann man ihr Gesicht nicht sehen?«

»Weil sie den Kopf nach unten hält und die Haare davor sind.«

»Und warum hat sie nichts an?«

»Na, es ist Sommer. Die Mohnblüten blühen. Es ist warm, und der Wind weht ganz sanft. Da braucht man eigentlich gar nichts anzuziehen. Vielleicht hat sie auch grade in einem See gebadet und lässt sich jetzt von der Sonne trocknen.«

»Aber das geht doch gar nicht. Eine Frau ist doch viel zu groß, die kann doch gar nicht an einem Blumenstängel hängen!«

»Doch. In der Fantasie schon. Du denkst dir doch auch Sachen aus, die gar nicht möglich sind, oder?«

»Ja, aber ich bin auch ein Kind.«

»Dürfen Erwachsene nicht rumspinnen?«

»Ja, stimmt. Mein Papa spinnt auch immer.«

Und was sagt uns das?

☞ *Ein Besuch der Enkelkinder ist aufregender als eine nackte Frau an einem Mohnblütenstängel.*

96

Wie man sich Gedanken über das Auswendiglernen und das Rauchen machen kann

Ab und zu trifft Opa zufällig Doktor Lück im Lokal. Der ist, wie man sagen könnte, Privatier, der inzwischen längst in Rente ist, die er nicht kriegt, weil er ja immer von seinem Vermögen lebte und lebt. Er hat ihn aber auch noch nie gefragt, was er früher einmal gemacht hat. Immer ist er elegant gekleidet. Im Sommer erlaubt er sich, auch mal ohne Jackett auszugehen, das weiße Hemd ist makellos. Er hat eine stattliche Figur, unsensible Geister würden sagen, er ist dick. Er hat ein graues Oberlippenbärtchen, was wieder ein wenig an den in die Jahre gekommenen mexikanischen Revolutionär Pancho Villa erinnert. Wenn er Opa sieht, dann kommt er strahlend auf ihn zu und begrüßt ihn, immer ein bisschen zu laut:

»Ah, da ist ja der Herr Schriftsteller! Bleiben Sie ruhig sitzen. Wann ist denn mal wieder eine Lesung? Möchte Sie darum bitten, mich zu informieren!« Dabei lacht er schallend, dazu blitzen seine Goldzähne auf. Er reicht ihm zum sechsten Mal seine Visitenkarte. »Wenn mal was ist. Nur so.«

Er ist ein dem Leben zugewandter Mensch. Geistreich und witzig, sich seiner Wirkung bewusst, erzählt er von sich. Recht bald wird Goethe zitiert, ohne dass es dafür einen Anlass gäbe, der sich aber dann wieder in sich zurückzieht, wenn seine Frau ihn in die Schranken weist: »Oh, nein, nicht schon wieder. Das wollen die Leute doch gar nicht hören.«

Sie guckt ihren Mann streng an. Aber da er nun mal mit dem Deklamieren begonnen hat, muss er es auch zu Ende bringen. »Die jungen Leute können ja heute nichts mehr auswendig. Eine Sünde.« Er bestellt seiner Frau und sich einen Rotwein und dann einen Weißwein.

Was kann Opa auswendig?

Ein paar Gedichte von Heinz Erhardt, Otto und Erich Kästner und die Anfangszeilen von *Una fiesta sui prati* von Adriano Celentano.

Und seine Enkel?

Jonna singt: »Das sind Bibi und Tina-a-a-a, auf Amadeus und Sabrina-a-a-a. Sie jagen im Wind, sie reiten geschwind, weil sie Freunde sind.«

Juli kann Kinderlieder singen, Jente auch: »Hänschen klein, ging allein in die weite Welt hinein.«

Zurück zu Doktor Lück. Er erinnert Opa an Falstaff.

Falstaff?

Sir John Falstaff ist eine komische Figur bei Shakespeare. Der liebt, außer Wein und Frauen, vor allem seine pseudophilosophischen Erörterungen – ein Mann wie Doktor Lück eben! Die

Figur Falstaff lebt in seinen Vorstellungswelten und hat etwas von einem Kind, das nicht erwachsen werden will. Und so lässt Shakespeare seinen Falstaff sprechen:

»Weise sein und lieben, das kann kein Mensch!«

»Der bessere Teil der Tapferkeit ist Vorsicht.«

»Ein Bierzapf ist ein gutes Gewerb.«

»Fasten, studieren, keine Frauen sehn – klarer Verrat am Königreich der Jugend.«

Doktor Lück will sich einen Zigarillo anzünden und wendet sich seiner Frau zu, die nun mit ihm schimpft, was für ein Blödmann er sei, wieder mit dem Rauchen anzufangen, wo er doch schon mal zehn Jahre nicht mehr geraucht hat. Eine so große Dummheit kann aber auch nur er verzapfen. Er zuckt mit den Schultern, lächelt.

Er geht vor die Tür. Dort zündet er sich seinen Zigarillo an. Die von ihm produzierten Rauchschwaden werden vom Wind auseinandergetrieben. Ja, und wenn man die Augen zusammenkneift, sieht er wirklich aus wie Pancho Villa oder Falstaff.

Und Opa stellt sich die Frage, ob Doktor Lück wohl Enkelkinder hat. Wahrscheinlich nicht, denn wer will schon bei seinen Enkelkindern nach Rauch und Nikotin stinken und das Risiko eingehen, dass sie zu ihm sagen: »Opa hau ab. Du stinkst!«

Und was sagt uns das?

☞ *Auch ein kluger Mensch kann Dummheiten machen, aber auf das Rauchen sollte er nun wirklich verzichten.*

97

Wie man nicht auf den Enkelkindertrick reinfällt

Großeltern können trottelig, weltfremd, langsam, ängstlich, dement oder schwerhörig sein. Deshalb sind sie angreifbar, Opfer für kriminelle Machenschaften, so auch für den Enkelkindertrick anfällig. Dabei ruft ein vermeintlicher Verwandter an, der sein Gespräch mit einer Frage beginnt: »Rate mal, wer hier spricht, Opa.«

Wenn man nun einen Verwandten oder Freund der Familie zu erkennen glaubt, könnte man einem inneren Impuls nachgeben und einen Namen nennen, auf den dann der Betrüger einsteigen kann. Das ist der erste erfolgreiche Einstieg zum Betrug. Der Täter braucht nur noch den Namen zu wiederholen und die Rolle spielen. Er wird dann von einer Notlage sprechen: »Kannst du mir helfen? Ich bin in Schwierigkeiten.«

Die sind nur zu beheben, wenn ganz schnell eine größere Summe von Bargeld herangebracht wird. Unter diesem emotionalen Druck kommt es dann häufiger zu Kurzschlussreaktionen. Eilig wird Geld von der Bank geholt, das dann an der Haustür von einem »Kurier« abgeholt wird. Dabei gibt es ganz einfache Mittel, nicht zum Opfer dieses Enkeltricks zu werden. Misstrauisch sein, wenn sich der Anrufer nicht mit Namen meldet. Telefongespräch beenden, wenn Geld gefordert wird. Kein Geld an unbekannte Personen übergeben. Die Polizei anrufen. Keine Details über Familie und finanzielle Verhältnisse preisgeben.

Gehört man noch nicht zur oben angeführten Kategorie von Großeltern, hat seine Sinne noch einigermaßen beisammen und ist reaktionsschnell, kann man den Trick schon bei der Eingangsfrage mit einem Gegentrick aushebeln. Wenn man bei der Frage: »Rate mal, wer hier ist?« einen Namen nennt, der nicht in der Familie existiert, und darauf mit: »Ja, das bin ich!« reagiert wird, weiß man, dass der Anrufer ein Betrüger ist. Kann man dann noch die Energie aufbringen, sich zum Schein darauf einzulassen – der Betrüger soll in einer Stunde das Geld an der Haustür abholen –, hat man genug Zeit, die Polizei zu informieren, die dann das Nötige tun wird.

Und was sagt uns das?
☞ *Vertrauen ist gut, Misstrauen in manchen Fällen besser.*

98

Wie man lernt, dass Musik das Leben beeinflusst

Holmer ist unter anderem Musiker und der Lebensgefährte von Line, der Tochter der Großeltern, der Mutter von Juli und Liv. Wenn es geht, spielt er Klavier, Gitarre oder komponiert. Er schreibt Schunkellieder für den Karneval, Lieder für den HSV, Discosongs für Kids, tritt mit dem HSV-Dino Hermann auf und spielt das Piano, wenn sein Schwiegerfreund, also Opa, mit ihm auf Lesungen ist. So tingeln die beiden durch Europa, treten in Niedersachsen, Hamburg und Schleswig-Holstein auf.

Jetzt hat er eine CD mit seinen Kollegen produziert, die ein Kinderkochbuch des Fernsehkochs Steffen Henssler begleiten: »Tolle Musik und leckere Rezepte.« Dort treten sie als Gruppe auf, nennen sich »Rabauken und Trompeten.« Die machen Musik für alle coolen Kids und bringen das Kinderzimmer zum Beben. Die Lieder drehen sich um Taschengeld, Kindergeburtstage, Abenteuer, ums Coolsein, Freunde und natürlich ums Kochen.

»Ja, wie geil ist das denn?«

Da Juli in diesen Prozess des Entstehens mit einbezogen wurde, sind ihr die Lieder geläufig. Ob im Haus oder im Auto – überall hört sie diese Musik, lässt sich vom Rhythmus der Lieder mitnehmen und »groovt« sich so richtig schön rein. Sonnenbrille auf und los geht es.

Das kann man auch beim Faschingsfest im Kindergarten hören, und Juli kann erzählen, dass ihr Papa die Musik macht. Wer kann das schon von seinem Papa sagen.

Und was sagen die Großeltern dazu?

»Wie geil ist das denn!«

»Juli, jetzt wollen wir aber auch mal ein Rezept nachkochen. Den ›Gute-Laune Geburtstagskuchen‹ oder ›Spaghetti napoli‹?«

»Ich will ein Toastbrot mit Frischkäse und Kräutersalz«, sagt sie.

Und was sagt uns das?

☞ »*Wenn Musik Nahrung der Liebe ist, spiel weiter.*«

WILLIAM SHAKESPEARE

99

Wie man hemmungslos alte Lieder grölen kann

Ab und zu gehen die Großeltern mal zu einem Grölabend. Damit man das nicht missversteht, das ist kein Abend, bei dem man unter viel Starkbiereinfluss alte Lieder abgrölt, nur für die zu ertragen, die den gleichen Alkoholpegel haben wie man selbst. Grölen – der Duden sagt dazu:

»laut und nicht schön singen, schreien,

Wortart: schwaches Verb

Gebrauch: umgangssprachlich abwertend

Synonyme: brüllen, kreischen, randalieren, schreien, krakeelen, joh-
len, plärren

Herkunft: aus dem Niederdeutschen grälen = laut sein, zu Gral,
eigentlich = lärmendes Turnierfest im späteren Mittelalter in
niederdeutschen Städten«

Also, was erwartet einen?

Zunächst einmal, dieser Abend läuft ohne Alkohol ab. Und es wird dabei auch nicht gegrölt, sondern in einem kleinen Theater gesungen, in dem etwa 120 erwachsene Leute sind. Alle haben einen Grund, hier zu sein – sie wollen gemeinsam singen. Vor der Eingangstür zum Theater liegen Zettel aus, auf denen 40 Lieder genannt werden: 20 englische und 20 deutsche Titel. Jeweils drei davon soll man ankreuzen. Die Lieder, die die meisten Stimmen bekommen, werden an diesem Abend gesungen. Den Abend auf der Bühne bestreiten eine Sängerin, zwei Sänger, ein Schlagzeuger und ein Pianist. Die eigentlichen Akteure des Abends sind aber die

Zuschauer. So kann das Publikum hemmungslos nostalgisch sein: *Always On My Mind*, *Die Liebe ist ein seltsames Spiel*, *The Sound Of Silence* und als krönender Abschluss: »Glaub mir, ich liiiebe das Leben! Das Karussell wird sich weiterdrehn, auch wenn wir auseinandergehen. La … lai la la la laa …!«

Oh, wie wunderbar! Dazu schunkeln, die Hände heben und sich im Takt bewegen. Es entsteht ein Gemeinschaftsgefühl. Es braucht keine Worte, man versteht sich. Zur eigenen Beerdigung soll dann *Always On My Mind* gespielt werden. Das könnte sich Opa in diesem Moment vorstellen, oder doch lieber von Willy DeVille: *Heaven Stood Still*?

Bevor er sich aber näher mit diesem Thema befasst, muss er wieder an seine Enkelkinder denken. Wie werden sie einmal musikalisch geprägt sein? Was erreicht sie? Was wird sie in vielen Jahren so beeindruckt haben, dass sie sich immer wieder an das eine oder andere Lied erinnern werden? Im Moment sind es noch Kinderlieder, aber schon nehmen die aktuellen Popsongs ihre Wahrnehmung ein: »Lass uns die Wolke vier nie mehr verlassen, weil wir auf Wolke sieben viel mehr verpassen.«

»Was singst du da?«, fragt Opa.

Wolke vier, sagt Jonna.

»Aha, kennst du das?«, fragt er Oma.

»Na klar.«

Oder etwas von Mark Forster oder Ed Sheeran? Sind das nur Lieder für den Moment? Morgen vergessen, oder sind sie ewig?

Das kann Opa nicht wissen. Er will es auch gar nicht. Aber die Vorstellung, dass seine Enkelkinder in späteren Jahren einmal die Lieder ihrer Jugend singen werden, vielleicht auf einem Grölabend, macht ihn irgendwie zufrieden und glücklich. Er weiß auch nicht warum.

Und was sagt uns das?

☞ *Gemeinsames Singen macht glücklich.*

Wie man zum Sticken kommt

Sticken ist nicht spießig, Sticken ist wieder »in«, es boomt. Beim Sticken kommt man zur Ruhe. Das ist auch nötig, wenn die Geburt eines neuen Enkelkindes ansteht.

Was braucht man zum Sticken? Spezielle Garne, einen Stickgrund, eine Sticknadel. Der Stickgrund könnte Leinen sein, also ein Stoff, auf dem der Kreuzstich möglich ist, denn die Stiche müssen auszählbar sein. Die Fäden müssen waagerecht wie senkrecht einen gleichen Abstand zueinander haben, sonst werden die Motive zu schmal oder zu breit.

Was kann man sticken zur anstehenden Geburt eines neuen Enkelkindes? Im Internet findet man diverse Fertigpackungen. Sowohl Stoff als auch Stickvorlage und Garn sind in der Packung enthalten. Oftmals sind es Bilder, die nur noch gerahmt werden müssen, oder Lätzchen, Badetücher oder Kissen. Ein Stickbild oder Stickkissen wäre doch nett. Aber die Motive entsprechen so gar nicht Omas Vorstellungen. Sie ruft Opa: »Jetzt komm doch mal gucken!«

Der überwindet sich, legt wortlos seine Zeitung zur Seite und geht an den Computer.

»So, nun sag du mal was. Das sieht doch alles nicht aus. Wie von anno dazumal. Hier, diese dänischen Motive sind ganz nett, aber 50 Euro!? Außerdem hab ich noch 'ne ganze Kiste mit Stickgarn.«

Opa weiß gar nicht so recht, warum er gerufen wurde. Er steht hilflos dabei: »Dann mach doch was anderes, wenn dir das nicht gefällt.«

»Sehr witzig, was denn? Irgendeine Vorlage brauch ich schon.«

»Du hast doch für die anderen auch etwas Niedliches gestickt. Woher hattest du das denn?«

Oma stutzt. »Stimmt. Da müsste ich noch irgendwo was haben. Wenn ich dich nicht hätte!«

Und tatsächlich, sie findet was. Na also: Ein Teddymotiv: Papa Bär, Mama Bär, Kind Bär und dazu ein Kinderwagen, aus dem ein Bärchen herausschaut. Jetzt muss ausgezählt werden. Motivgröße muss dem Stoff angepasst werden. Wo passt der Name hin, wo das Geburtsdatum? Da kann man schon im Vorfeld aktiv werden. Da liegt man in jedem Falle richtig. Auch der Name liegt ja schon fest: Liv – das Jahr auch. Da ist man auf der sicheren Seite.

Und so wird Abend für Abend gestickt. Es geht nur langsam voran, aber es geht voran. Sogar Opa wird mit seiner Fachkompetenz einbezogen. Wenn Oma sich bei der Farbauswahl des Garns nicht ganz sicher ist, fragt sie ihn.

»Sag mal, ist dieser Rotton für die Schürze gut, oder ist der Lilaton besser?« Was Opa dazu sagen wird, ist unerheblich. Sie wird sowieso das machen, was sie für richtig hält.

Was geht noch? Die Stoffkiste wird durchsucht. Die Kissenhülle wird genäht, das Stickbild wird eingenäht. Mehr kann man eigentlich nicht machen. Vielleicht schon den Monat einsticken? Dann hat man bei der Fertigstellung des Kunstwerks zur Geburt nicht mehr viel zu tun. Den Geburtstag zu sticken, ist dann nur noch eine Kleinigkeit. Das könnte aber das Risiko beinhalten, dass man falsch liegt. Der Geburtstermin ist auf Anfang April festgesetzt.

Kann man es wagen, den Monat April schon zu sticken? Und wenn es nun doch Ende März passiert? Dann müsste man alles wieder aufschneiden und neu machen. Wer will das schon? Also, sowohl der Tag als auch der Monat bleiben offen. Das ist ja nun wirklich schnell gemacht.

Bei Fertigstellung nach dem Ereignis soll das Ganze dann feierlich überreicht werden. Ob die Eltern das wertschätzen können, ist eine andere Frage. Auf jeden Fall ist es ein Zeichen der Anteilnahme und Liebe.

Und was sagt uns das?

☞ *Mit den Augen der Liebe sehen ist immer eine gute Sache*

Wie der Einsatz der Großeltern offiziell mehr Anerkennung finden könnte

Was Oma und Opa wirklich leisten, wissen nur ihre Kinder, die dankbar jede Hilfe annehmen. Die soziale Bedeutung von Groß-eltern deutlich zu machen, war schon vor Jahren Ursula von der Leyen ein Anliegen. Sie hatte erkannt, dass Oma und Opa nicht nur Rentner, Pensionäre oder Hartz-IV-Empfänger sind, sondern häu-fig als Betreuer, Kulturvermittler und Ratgeber fungieren. Damit er-füllten sie aus ihrer Sicht eine wichtige Rolle in unserer Gesellschaft. Um das zu honorieren und darauf aufmerksam zu machen, sollte ein Großelterntag eingeführt werden. Was soll das denn?

Dann gibt's für Oma einen Blumenstrauß und für Opa einen Schnaps, und die ganze Familie fährt zum Kaffeetrinken in einen Landgasthof? Gibt es nicht schon genug skurrile Tage? Da soll im nächsten Jahr sogar der Tag der Jogginghose gefeiert werden.

Aber unsere Ministerin hat nur aufgegriffen, was in anderen Ländern schon lange Tradition ist. Der »National Grandparents Day« wird in den Vereinigten Staaten schon seit 1978 offiziell ge-feiert. Italien, Australien, Kanada, Großbritannien und weite Teile Asiens haben nachgezogen. Andere Länder feiern noch länger den »Oma-Tag«, der manchmal einen höheren Stellenwert hat als der Muttertag. Da müsste man mal die Gleichstellungsbeauftragte ein-schalten. Bringen Opas etwa nicht ihre Zeit, ihre Empathie und ihre Kompetenzen mit ein? Opa selber verzichtet auf solche Befindlich-keiten. Er glaubt nicht, dass er von einem »Großelterntag« profitie-ren könnte. Er will einfach nur helfen und genießen.

Und was sagt uns das?

☞ *Ein Urgroßelterntag wäre die logische Schlussfolgerung angesichts der steigenden Lebensjahre der Bevölkerung.*

Wie Enkelkinder sein können

Sie sind ehrlich.
Sie sind liebenswert.
Sie sind unausstehlich.
Sie sind fordernd.
Sie sind niedlich.
Sie sind willensstark.
Sie sind zerbrechlich.
Sie sind oft krank.
Sie sind schüchtern.
Sie sind chaotisch.
Sie sind frech.
Sie sind neugierig.
Sie sind ängstlich.
Sie sind mutig.
Sie sind ungehorsam.
Sie sind egoistisch.
Sie sind albern.
Sie sind anstrengend.
Sie sind laut.
Sie sind genaue Beobachter.
Sie sind nötig.

Und was sagt uns das?

☞ *Enkelkinder sind die Zukunft. Darum sollte das alles – und noch viel mehr – sein dürfen.*

Wie von Opa etwas von Bedeutung aufbewahrt werden sollte

In Opas Portemonnaie sind alle möglichen Zettelchen und Gutscheine, Treuekarten für den Bäcker, Telefonnummern von Leuten, die ihm nichts mehr sagen: Birthe Bauer, mein Gott, wer ist das? – eine Eiszwölferkarte vom italienschen Café, eine Bonuskarte für das Cinema Paradiso, auf die man aber nur einen Stempel kriegt, wenn man am Donnerstag um 15 Uhr ins Kino geht, eine Telefonnummer, die man anrufen kann, wenn einem die »Mastercard« verloren geht, einen Beleg von Lidl, dass man Trauben hell, eine Avocado, sechs Flaschen Vittel und eine Cordhose für 9,99 Euro gekauft hat, weil man die Hose bei Nichtgefallen oder Nichtpassen wieder zurückgeben kann.

Aber dann gibt es noch etwas Besonderes zu entdecken: eine Eintrittskarte vom »Love + Peace Festival« vom 6. September 1970, völlig abgenutzt, verschlissen und unscheinbar. Sie hat in seinem Portemonnaie überlebt wie ein Artefakt aus grauer Vorzeit auf einem Kartoffelacker. Doch löst dieses jämmerliche kleine Stückchen Papier bei Opa Erinnerungen aus. Love and Peace in der norddeutschen Provinz: Mungo Jerry, Canned Heat, Ginger Baker Airforce, Rio Reiser waren auf Fehmarn am Flügger Leuchtturm. Die Stimmung war gut, das Wetter schlecht. Beate Uhse verteilte Kondome. Nur vereinzelt trauten sich einige Mädels ihren Busen bar zu zeigen, denn, wie gesagt, es stürmte kräftig und es regnete in Strömen. Aber dann kam er. Jimi – Jimi Hendrix. Und plötzlich hatte das Wetter ein Einsehen. Die Sonne brach aus den Wolken hervor: An die Songs kann Opa sich noch erinnern; *Hey Joe, Purple Haze, Voodoo Child – The Wind Cries Mary*. Danach wurde es wieder ungemütlich, es begann zu regnen, und Rocker brannten das Veranstalterzentrum ab. Die Polizei musste eingreifen. Heute erinnert noch ein großer Felsstein am Flügger Leuchtturm an dieses Ereignis.

Warum erzählt Opa das?

Weil er seinen Enkeln etwas von früher erzählen kann, wie das Leben zu seiner Zeit war, als er noch jung war. Das Festival von Fehmarn ist zwar kein historisches Ereignis, das in den Geschichtsbüchern auftaucht, aber dennoch erzählenswert ist, weil Opa dabei war. Dadurch wird Geschichte lebendig, denn Großeltern können mit ihren Erzählungen von früher ein Tor aufstoßen in die Geschichte der Menschheit, die sich aus vielen kleinen Puzzlesteinen zusammensetzt. Denn alles ist miteinander verwoben, das Gestrige mit dem Heutigen und das Heutige mit dem Zukünftigen.

Die Eintrittskarte vom Love + Peace Festival sollte gerettet werden, einen besonderen Platz bekommen, eingerahmt an der Wand im Wohnzimmer hängen, bevor sie sich in Opas Portemonnaie für immer auflöst.

Ist es doch ein Zeichen, das aus fernen Tagen herüberleuchtet.

Und was sagt uns das?

☞ *Erzähle von früher, denn die Enkelkinder lernen auch durch die Vergangenheit der Großeltern.*

104

Wie man Briefe schreiben kann

Liv wird in den nächsten Tagen geboren. Sie wird das vierte Enkelkind für die Großeltern sein. Alles Mädchen, alle willkommen. Der Arzt sagt, dass alles für das Ereignis so weit bereit sei. Das Kind liegt richtig, bewegt sich, hat das nötige Gewicht, alles ist in Ordnung, es kann losgehen. Die zukünftige Schwester Juli fragt, wann es denn endlich so weit ist. Sie kann es kaum erwarten, das Schwesterlein.

Sie darf auch schon mal Mamas Bauch fühlen und sich wundern, wenn das Ungeborene sich bewegt. Da gibt es viel zu staunen. Das Leben ist ein Wunder.

Was können die Großeltern jetzt tun? Einen Brief an Liv schreiben? Vielleicht so:

Liebe Liv!

Du kannst diesen Brief natürlich noch nicht lesen. Aber wir sind sicher, dass deine Eltern ihn aufheben, ihn dir irgendwann einmal zum Lesen geben, und dann wirst du an uns denken.

Du hast das Glück, dass du in eine Familie hineinwachsen wirst, die dich sehr liebt und dich hingebungsvoll pflegen, behüten und fördern wird.

Wir sind ja alle schon so gespannt auf dich.

Wie wirst du aussehen?

Natürlich wirst du schön sein, denn deine Eltern und Juli sind es ja auch. Wobei äußere Schönheit gar nicht so wichtig ist. Sie erleichtert einem zu Anfang, einige Hindernisse zu überwinden. Aber am Ende kommt es auf die innere Schönheit an. Dafür muss man was tun. Und wichtig sind auch die Narben, die du dir einmal zufügen wirst, wenn du beim Rollerfahren hinfällst, oder die seelischen Narben, die du später bekommst, weil es mit der ersten Liebe vielleicht nicht so läuft, wie man es gerne hätte. Daran wirst du dich später erinnern, denn das Leben ist schmerzhaft und schön. Man muss sich anstrengen, viel lernen. Wir sind sicher, dass du das tun wirst.

Du wirst ins Leben krabbeln, wackelig auf deinen Beinen stehen und dich an Mamas Rock oder Papas Hosenbein festhalten, dann laufen lernen. Du wirst sprechen lernen. Erst wirst du vor dich hinbrabbeln, dann kommt das erste Wort, die nächsten Wörter. Dann wirst du ganze Sätze sprechen und darüber deinen Verstand und deine Intelligenz entwickeln. Du wirst am Tag die Sonne, in der Nacht den Mond, die Sterne entdecken. Wirst im Sommer im Meer baden. Der Wind wird dir dein Haar zerzausen, du wirst die Sonne auf dei-

ner Haut spüren, wirst Wildschweine füttern. Im Winter wirst du im Schnee spielen und dich wundern, dass man davon kalte Hände bekommt. Du wirst entdecken, wie schön die Welt ist, und wirst die Welt verstehen wollen.

Da müssen wir dir allerdings sagen, dass deine Großeltern das bis jetzt noch nicht geschafft haben. Aber vielleicht wird deine Generation ja mal eine Zukunft schaffen, die alles zum Guten wendet, denn das ist unbedingt nötig.

Es leben Milliarden Menschen auf der Welt, die auch alle glücklich werden wollen. Wenn man vernünftig miteinander umginge, wäre das möglich, wäre für alle Platz. Da aber leider die Verhältnisse nicht überall gleich sind – viele, viele Menschen leben in Armut und hungern –, müssen wir uns für sie einsetzen.

Jetzt aber freuen wir uns erst einmal, dass du bald da sein wirst. Du bist willkommen!

Wir lieben Dich!

Deine Großeltern

Und was sagt uns das?

☞ *Das Warten auf ein neues Enkelkind ist aufregend und spannend.*

105

Wie man ein Puzzlespiel selber machen kann

Großeltern haben immer etwas im Sinn. Wie können sie ihre Enkelkinder bespaßen, überraschen und zu eigenem Tun anregen? Vielleicht ein Puzzle bauen? Oh ja! Das ist gut!

Doch wie?

Da kommt es zuerst auf das Motiv an. Was für ein Bild nehme ich? In wie viele Teile will ich das Bild zerlegen? So ein Puzzle kann man auch im Internet bei Anbietern bestellen. Die machen aus einem eingeschickten Foto ein klassisches Puzzle, 30 bis hin zu 2000 Teilen, zerlegt in die typischen Puzzleteile. Aber das ist es nicht, was die Großeltern wollen. Das Puzzle soll wirklich möglichst in fast allen Arbeitsschritten selbst gemacht werden.

Bei der Motivwahl kommen die Großeltern schnell auf einen gemeinsamen Nenner. Es muss ein Motiv von den Enkelkindern sein, ein Foto aus dem Sommer, wo alle lachen und die Farben schön bunt sind. Das hilft später sehr beim Zusammensetzen des Bildes. Beim Schwierigkeitsgrad des Puzzles nicht zu kleinteilig werden, denn es soll ja von den Enkelkindern zusammengesetzt werden. Und die haben meist nun mal nicht allzu viel Ausdauer, so etwas zu Ende zu bringen.

Also wie nun?

Das Hochglanzfoto sollte nicht größer als eine DIN-A4-Seite in Auftrag gegeben werden. Heutzutage macht das jeder Supermarkt sofort und preisgünstig.

Der nächste Schritt ist das Aufkleben auf einen festen Untergrund. Es eignet sich wohl am besten, wenn man dazu eine kräftige Pappe nimmt. Der Auftrag des Klebematerials muss gleichmäßig erfolgen, da sonst Teile nicht richtig mit dem Untergrund verbunden sind und schnell abfallen. Ein spezieller Klebespray sorgt für einen gleichmäßigen Auftrag. Beim Antrocknen der Klebe vom Bild und dem Untergrund hilft es, wenn man das Ganze mit schweren Büchern belegt. So kann man dann ziemlich sicher sein, dass eine Grundlage geschaffen ist, um den nächsten Schritt zu machen.

Wie soll das Bild nun in seine Einzelteile zerlegt werden?

Hier bietet sich ein Teppichschneider an. Am einfachsten ist es, das Bild waagerecht und senkrecht zu zerlegen. Darauf zu achten ist, dass die Kanten der Puzzleteile ganz sauber geschnitten werden, sonst fransen die Ränder aus, was später den Gesamteindruck des Bildes stören könnte.

Am Ende kann man das Puzzle zusammenkleben und an die Wand des Kinderzimmers hängen. Man hat das gute Gefühl, etwas Schönes geschaffen zu haben.

Wenn man das nicht will, sollte man eine Schachtel besorgen, in die man die Teile wieder zurücklegen kann, denn ein Puzzle, das nicht vollständig ist, hinterlässt den Eindruck von etwas nicht Beendetem, und das ist nicht schön.

Und was sagt uns das?

☞ *Spiele selber zu gestalten befriedigt – zumindest Oma und Opa.*

106

Wie man sich auf eine Feier vorbereiten kann

Heute feiern Oma Eli und Opa Friedi Goldene Hochzeit. Das ist ein ganz besonderes Ereignis für alle, auch für Juli. Seit Wochen sind Rosenblütenblätter gesammelt worden. Die sollen zu der Feier verstreut werden.

Oma und Opa feiern das Ereignis noch einmal nach. In einer Kirche, so wie vor 50 Jahren. Ihr älterer Sohn, der Pastor geworden ist, hält die Predigt. Dazu braucht es am Ende beim Verlassen der Kirche nicht nur Orgelmusik, sondern auch die gesammelten Blütenblätter, die von den Kindern aus dem Bekanntenkreis und von Juli auf dem Kirchengang und davor verstreut werden.

Aber es bedarf nicht nur der Rosenblätter, sondern auch der besonderen äußeren Ausstattung der Personen. So muss ein besonderes Kleid für Juli her, ausgeliehen von Freunden, ein Kleid mit goldenen Stickereien und einem Tüllstoff um die Hüften und im Haar zwei rote Blumenspangen. Sogar Opa wird drei Tage vorher ermahnt, nun endlich mal wieder zum Friseur zu gehen.

»Was sollen denn die Leute denken. – Und hast du denn überhaupt eine Hose, die diesem Anlass gerecht wird?«

Brav zeigt er seine rote Hose vor, die er zu besonderen Anlässen gerne anzieht. »Mal sehen. Sind da auch keine Flecken drauf?«

»Ja, das ist in Ordnung!«, sagt Oma.

»Und was ziehst du für ein Hemd an? Mach mal deinen Schrank auf. Mal sehen, ob da was Vernünftiges dabei ist.«

Ein weißes, kurzärmeliges Hemd wird genehmigt.

»Und welches Jackett willst du anziehen?«

Nach etwas längerem Suchen wird auch das gefunden.

»Und nicht, dass du deine Sommerlatschen anziehst!«

»Nein, nein!«

Oma braucht keine Beratung. Sie weiß, was sie anzieht. Nur bei der Handtasche ist sie sich unsicher: »Guck, mal. Die schlichte oder die fransige?«

»Die fransige.«

Schön, dass Opa mal in modischen Fragen helfen kann.

Juli ist sehr zufrieden mit ihrem Kleid. Zur Feier will sie sich die Finger- und Fußnägel anmalen. Da muss Oma helfen. Die verschiedenen Nagellackfarben werden herausgesucht und auf den Gartentisch gestellt. Zuerst muss aber mit Nagellackentferner die alte Farbe auf den Fuß- und Fingernägeln abgetragen werden. Ein Acetongeruch liegt in der Luft.

»Ist das eigentlich gefährlich?«, fragt Opa.

»Was?«

»Na, der Acetongeruch. Ist das Einatmen schädlich?«

»Keine Ahnung. Ich hab nur mal gelesen, dass das Einatmen der Dämpfe Übelkeit hervorrufen kann.«

»Na, wunderbar!«

»Wie willst du denn deine Nägel angemalt kriegen? Wieder weiß?«

»Nein, bunt!«

Das Anmalen der Nägel genießt Oma, denn sie darf, ohne dass es Protest gibt, Julis Füße und Zehen anfassen.

»Das ist aber auch eine zarte Haut!«

Opa steht dabei und beobachtet die Idylle.

»Opa, geh weg, das ist nur was für Mädchen. Das darfst du nicht sehen.«

Und was lernen wir daraus?

☞ *Zu besonderen Feiern muss man sich besonders vorbereiten.*

KAPITEL 8

OMA, OPA,
HELFEN!

Wie man in ein Freundebuch schreibt,
wenn man noch gar nicht schreiben kann

Früher war ein »Freundebuch« das »Poesiealbum«, kurz »Poosie« genannt.

Da durften nur die besten Freunde reinschreiben oder höchstens die Klassenkameraden, aber auch nicht alle. Zur Gestaltung hatte man eine weiße leere Seite zur Verfügung. Die wurden meistens mit einem Sinnspruch gefüllt:

»Erst wenn die Flüsse aufwärts fließen.
Bis die Hasen Jäger schießen,
bis die Mäuse Katzen fressen,
solang werd ich dich nicht vergessen.«

Dann darunter:

»Deine Freundin Hildegard!«

Oder:

»In allen vier Ecken soll Liebe drinstecken!«

Oder:

»Du bist mein Glück,
du bist mein Stern,
auch wenn du brummst
ich hab dich gern.«

Ort und Datum dazu, vielleicht noch ein paar gemalte Blümchen, und fertig war man.

Diese Poesiebücher sind längst verschwunden. Jetzt gibt es »Freundebücher«. In so einem Buch werden einfache Fragen zur Person gestellt:

»Wie heißt du?«

»Wo wohnst du?«

»Was magst du?«

»Was magst du nicht?«

Jente soll sich nun in ein solches Buch von ihrer Freundin Jenny eintragen. Das kann sie natürlich noch nicht. Oma muss ihr helfen. Sie befragt sie und schreibt dann den Text ein.

Die letzte Frage in dem Freundebuch lautet: »Ein perfekter Tag ist, wenn …«

Jente ergänzt: » … *Silvester ist.*«

Und nach kurzer Pause sagt sie: »Und Frühling und Sommer und Herbst und Winter!«

Und was sagt uns das?
☞ *Ein junger Mensch findet alles schön.*

108

Wie man beim Eisessen helfen kann

Wenn die Großeltern mit dem Enkelkind in der Stadt sind, dann kann man davon ausgehen, dass jede Eisbude oder Eisdiele schon von Weitem erkannt wird, sei es die penetrant in den Weg gestellte lebensgroße Eistüte aus Plastik, aus der ebenfalls drei Plastikkugeln in Rot, Grün und Weiß herausschauen, oder auch die kleine grün-weiß-rote Fahne kann schon ein Hinweis für das Enkelkind sein.

»Oma, Opa, kann ich ein Eis?!«

»Ja, was willst du denn haben? Welche Eissorten?«

»Kaubimmi-Eis!«

»Bitte was?«

»Kaubimmi-Eis!«

»Entschuldigung. Haben Sie Kaubimmi-Eis?«

»Meinen Sie Kaugummi-Eis? Das haben wir nicht.«

»Na ja, vielleicht etwas, was nach Kaugummi schmeckt, nach grüner Minze. Ich weiß es ja auch nicht. Mein Enkelkind will das.«

»Nein, so was haben wir nicht.«

»Das haben die hier nicht, Kaubimmi-Eis. Da musst du was anderes nehmen.«

»Wir haben After-eight-Eis und Schlümpfe-Eis.«

»Opa, was ist Aftereteis?«

»Das schmeckt nach Pfefferminz.«

»Was ist Pfefferminz?«

»Na so was wie Pfefferminztee.«

»Ich will keinen Tee.«

Opa spürt die wartende Schlange im Rücken. Er dreht sich um. Noch begegnet ihm wohlwollendes Lächeln. Das wird sich sicherlich bald in genervte Blicke wandeln. Auch der Eisverkäufer wird ungeduldig und klopft mit seinem Eisportionierer auf den Rand der Eisbehälter.

»Dann nimm doch Erdbeer-Eis!«

»Na gut, denn Erdbeer-Eis!«

»In der Waffel oder im Becher?«

»In der Waffel mit Löffel!«

So passiert es. Da das Eis nicht so zügig gegessen wird, wie es eigentlich sein sollte, beginnt es zu schmelzen, und es läuft langsam über den Waffeltütenrand, über die Hand und tropft auf die Jacke und den Boden. Da muss Opa Erste Hilfe leisten. Und so leckt er das am Rand der Waffel herunterlaufende Eis auf und beißt den weich gewordenen Rand ab.

»Opa! MEIN Eis!«

Und was sagt uns das?

☞ *Manchmal ist Mundraub sinnvoll.*

109

Wie man lernt, Haustiere als etwas Unberechenbares zu begreifen

Die Katze Miezi, die im letzten halben Jahr schon vier Maulwürfe erledigt hat, hat ihren Lebensraum im und um den Ponyhof. Ihr Rückzugsgebiet ist irgendwo im Vorratsstall der Pferde zwischen Ratten, Mäusen und anderem Getier. Wenn es ihr aber zu kalt, zu dunkel oder ganz einfach zu ungemütlich wird, dann sitzt sie an der Haustür und fordert Einlass. Im Haus sucht sie sich ihre Ecke und möchte in Ruhe gelassen werden.

Doch wenn es ihr in den Sinn kommt, sucht sie auch die Nähe zu den Bewohnern des Hauses. Dann schleicht sie um die Menschen, reibt sich an ihnen, beginnt zu schnurren und schließt dabei wonnevoll ihre Augen. In solchen Momenten darf man sie streicheln. Das fordert sie auch ein, wenn man auf dem Sofa sitzt und die Zeitung liest. Dabei schiebt sie ihren Kopf von unten unter die Zeitung und legt sich auf den Schoß, als wenn sie sagen wollte: »So, nun leg mal deinen Quatsch weg, ich brauche jetzt meine Streicheleinheiten.«

Dem kommt Opa gerne nach. Miezi schließt wieder ihre Augen, schnurrt wonnevoll vor sich hin und fordert damit Juli auf, sie auch mal zu streicheln. Nach anfänglichem Zögern macht sie das. Dabei erwischt sie aber wohl eine empfindliche Stelle der Katze, sodass Miezi blitzschnell mit ihrer Pfote zuschlägt und dabei einen ganz kleinen Ratscher an der Außenfläche von Julis linker Hand verursacht. Die Verletzung ist so klein, dass noch nicht einmal Blut fließt. Der seelische Ratscher ist allerdings so schwer, dass sie auf der Stelle Omas Schoß aufsucht, ganz entsetzt auf ihre Hand starrt, die andere auf die verletzte hält und ihren Schnuller einfordert. Sie fällt in einen komaartigen Zustand, starrer Blick, dazu zwirbelt sie mit der rechten Hand ihr Haar, nicht glauben wollend, dass die niedliche Katze ihre Zärtlichkeit so aggressiv abgelehnt hat. Ja, das Leben ist nun mal kein Streichelzoo.

Jonna und Jente haben inzwischen den Fernseher eingeschaltet, sie rufen ein Tanzlernprogramm bei YouTube auf und wollen danach tanzen. Sie bewegen sich geschickt wie die Mädchen auf dem Bildschirm. Danach schalten sie auf ein chinesisches Programm. Es zeigt einen kleinen dreijährigen Jungen, der auf einer Bühne niedliche Tanzbärschritte vollführt. Er verändert seine Schritte und Bewegungen je nach eingespielter Musik sehr zum Entzücken des Publikums und einer Jury, die wie bei Dieter Bohlen wohl die Leistung beurteilen soll. Sie sind völlig aus dem Häuschen. Auch die Enkelkinder Jonna und Jente finden das gut. Das alles bringt aber Juli immer noch nicht aus ihrer Erstarrung. Immerhin beobachtet sie jetzt aber das Geschehen, und sie beginnt, im Takt zu wippen.

Und was sagt uns das?
☞ *Katzen sind keine Plüschtiere.*

110

Wie man sich im Alter noch nützlich machen kann

Großeltern sind bei den eigenen Kindern eigentlich per se ganz gerne gesehen. »Per se?« – ein bildungssprachlicher Ausflug, der eigentlich nur ausdrücken soll, dass etwas »von sich aus«, wörtlich aus dem Lateinischen: »an sich« bedeutet. Sie müssen sich dann aber schon einbringen, was leisten, denn Oma kann Knöpfe annähen, Mützen, Socken stricken. Die Großeltern können einkaufen, bezahlen mit ihrem Geld, staubsaugen, bringen die Pfandflaschen weg, tragen die leeren Weinflaschen zum Container, trennen den Hausmüll, leeren den Mülleimer, entsorgen die Windeln, waschen die Wäsche, hängen sie auf oder bügeln die Hemden. Sie bereiten das Essen zu, wenn sie es nicht von der koreanischen Gaststätte holen. Gehen mit dem Enkelkind am Nachmittag spazieren und nehmen dadurch, soweit es geht, den im Berufsleben stehenden Eltern möglichst viel Arbeit ab. Wenn sie mal über Nacht bleiben, verhalten sie sich unauffällig, bleiben eigentlich unsichtbar. Großeltern lümmeln sich nicht am Abend vor dem Fernseher rum. Das ist der Platz der Eltern.

Großeltern lieben ihre Enkelkinder gerade dann besonders, wenn sie sich unausstehlich verhalten. Wo später einmal ein Gespräch miteinander äußerst schwierig wird oder überhaupt nicht mehr möglich ist, weil verfestigte Vorstellungen aufeinanderprallen, können Großeltern helfen, weil sie nicht die Position der Eltern übernehmen müssen. Sie sind neutral, Schiedsrichter.

Und was sagt uns das?

☞ *Großeltern können das Schmiermittel sein zwischen Eltern und Enkelkind.*

111

Wie man sich nach der Geburt eines Enkelkindes verhalten sollte

Steht die Geburt eines Enkelkindes an, so ist es anzuraten, sich dezent im Hintergrund zu halten. Wenn der erste Besuch im Hospital ansteht, sensibel sein. Natürlich platzen die Großeltern vor Neugierde, und es ist durchaus möglich, dass die junge Mutter ihren Nachwuchs auch unmittelbar nach der Geburt präsentieren möchte. Dann haben Oma und Opa Glück. Es kann aber auch durchaus ein paar Tage dauern, bis man als Besuch erwünscht ist. Die junge Mutter hat in den ersten Tagen nach der Geburt nun wirklich anderes zu bedenken und zu bewältigen, als Besuch von den

Großeltern zu empfangen. Auch in Zeiten der allgegenwärtigen Handy-Fotografiererei ist es absolut unangebracht, hemmungslos und ungefragt die noch von den Strapazen gezeichnete Mutter mit ihrem Kind abzulichten – vielleicht auch noch sich auf die Bettkante dazusetzen und ein Selfie machen, das dann auf der Stelle in die ganze Welt verschickt wird – auch an die, die das gar nicht haben wollen.

Man kann sich auch ganz still in eine Ecke setzen, die mitgebrachten Blumen in einer Vase arrangieren und einfach nur dasitzen. Und dann geht man und kommt erst wieder, wenn ein Besuch eingefordert wird.

Natürlich möchten Oma und Opa zur Geburt ein angemessenes Geschenk machen. Was ist angemessen?

Das hängt sicherlich auch vom jeweiligen Geldbeutel ab. Beim ersten Enkelkind fehlt es ja noch an allem. Da ist eine rechtzeitige Absprache mit den Eltern angebracht. Vom Kinderwagen über neues Mobiliar bis zur Erstausstattung ist alles denkbar. Kuscheltiere, Schnuffeltücher und Holzspielzeug kann man ruhig den Freunden und Nachbarn überlassen. Bei weiterem Zuwachs ist meist eine gewisse Grundausstattung noch vorhanden, umso wichtiger, sich hier abzusprechen, um Überflüssiges zu vermeiden.

Fingerspitzengefühl wird in dieser Situation auch vom Großvater verlangt. Oftmals beginnen die zukünftigen Omas nach Bekanntwerden des bevorstehenden Ereignisses schon Monate vorher in Entzückensschreie auszubrechen, wenn sie in Katalogen oder Kaufhäusern Babysachen entdecken. »Guck mal, wie süüüüß! Das muss ich kaufen.«

Da nahezu wöchentlich in jeder Kaufhausbeilage Dinge für Babys oder Kleinkinder angeboten werden, muss Oma da schon mal gebremst werden. Sicherlich sind die Gummistiefel in Größe 25 bis 28 sehr niedlich und auch irgendwann einmal zu gebrauchen, das dürfte aber nicht die unmittelbare Notwendigkeit für ein Neugeborenes sein.

Opa legt da lieber ein Konto an. »Totes Kapital, bei der Zinslage«, würde sein Schwiegersohn sagen, er macht's trotzdem.

Und was sagt uns das?
☞ *Großeltern sollten begreifen, dass sie vom Lebensgestalter zum Beobachter werden.*

112

Wie man verpflichtet sein sollte, sein Leben aufzuschreiben

»Im Verschönerungsspiegel der Erinnerung verklärt sich das Leben.« Das ist von Heinrich Spoerl, demjenigen, der den Text zum Film *Die Feuerzangenbowle* geliefert hat.

Aber warum träumt man denn heute noch immer von Prüfungen, die man nicht besteht? Warum verpasst man den Zug und erreicht nicht sein Ziel? Warum steht das Haus unter Wasser? Warum fällt man vom Dach oder stürzt mit dem Flugzeug ab? Ja, warum ist das so? Gute Frage. Keine Ahnung.

Oder vielleicht doch? Verarbeitet man da etwas, was die Seele belastet? Da hilft die Erinnerung an die Siege und die Niederlagen des Lebens. Da die Enkelkinder noch keine großen Erinnerungen haben können, denn ihr Leben beginnt ja erst, müssen die Großeltern der Pflicht nachkommen, ihre Erlebnisse aufschreiben. Denn irgendwann werden die Enkelkinder fragen:

Wo komme ich her?

Wie war das mit Opa und Oma?

Wie war das mit dem großen Krieg?

Warum seid ihr geflüchtet?

Waren Uroma und Uropa Nazis?

Warum hat man eure Wohnung ausgebombt?

Was haben euch eure Eltern vorgelebt?

Warum habt ihr gerade diesen Beruf ergriffen?

Warum seid ihr, Oma und Opa, immer noch zusammen?

Enkelkinder finden es lustig, dass Opa und Oma die Eltern von ihren Eltern sind. »Ich fasse es nicht. Ich kann das einfach nicht glauben!«

Hilfreich ist es auch, einen Familienstammbaum anzulegen, die Bilder von den Vorfahren aus dem Chaos der Fotokiste zu befreien und sie in einen Kontext zu stellen. Das interessiert die Enkel in ihrem späteren Leben bestimmt einmal. Wenn die Großeltern diese Arbeit geleistet haben, dann kann man später zu den Enkeln sagen: »So, das waren unsere Erinnerungen, das war unser Leben.«

Und was sagt uns das?

☞ *Erinnerungen der Großeltern bereichern das Leben der Enkel.*

113

Wie ein Tag verlaufen kann, wenn nur die Großeltern im Haus sind

Die Großeltern werden gebraucht. Also, nichts wie hin. Die Eltern sind auf dem Sprung, sie haben gleich einen beruflichen Termin wahrzunehmen.

Juli ist nicht zu sehen, aber zu hören: »… und die Kraft und die Herrlichkeit in Ewigkeit. Amen.« Wo kommt das her? Vom evangelischen Kindergarten?

Sie hat sich aus Packkarton ein Haus gebaut. Als Juli bemerkt, dass die Großeltern da sind, springt sie aus ihrem Versteck. »Oma, Opa, spielen. Du bist wohl Fohlen und ich das Pferd?«

Fohlen und Pferd stehen zusammen auf der Weide und wiehern sich an. Der Plastikbauernhof hat viele Tiere und Menschen. Auch

Martin Luther ist dabei. Er hat einen schwarzen Talar um, hält in der rechten Hand eine Feder und in der linken eine Bibel. Auch Elsa, die Eiskönigin, ist da. Sie wird ausgezogen, denn sie muss duschen.

»Huch, ist das kalt! Kann man das nicht mal warm machen?«

»Nein, das geht nicht!«

Nun muss ein bisschen mehr Dramatik ins Spiel. Martin lädt das Fohlen auf einen Jeep und entführt es. Die Fohlenmutter ist nun ganz aufgeregt und wiehert. Auch das Fohlen wiehert hinter dem Sofakissen. Und so ist es ein Leichtes, es wieder zu befreien. Martin kriegt dafür Schläge. Er zieht deprimiert von dannen:

»Wenn ich das Fohlen nicht entführen darf, dann schlage ich eben 95 Thesen an die Wand.« Er sucht sich einen Hammer. Inzwischen ist Elsa fertig mit dem Duschen. Jetzt muss sie ihr Eiskleid anziehen, was immer schwierig ist, weil die Kleiderärmel so eng sind.

Juli ist erkältet, man muss ihr alle fünf Minuten die Nase putzen. Das erduldet sie. Dann fällt ihr plötzlich ein, dass Falko, der Adler, noch nicht im Spiel ist. Aber wo ist er? Sie erinnert sich, dass er oben in ihrem Zimmer ist. So verschwindet sie, kommt mit Falko zurück und schmeißt ihn Opa vor die Füße.

Falko beschwert sich natürlich gleich bei Juli über die rüde Behandlung. Das lässt sie kalt, holt wortlos eine Wäscheklammer aus der Küche und klemmt sie in den Schnabel des Adlers, was der mit lautem Gezeter quittiert. »Hilfe, Hilfe, Eiskönigin, komm, rette mich. Befreie mich von der Wäscheklammer!«

Die Eiskönigin kommt und befreit ihn. Dieses Spiel wiederholt sich mindestens zehnmal. So, und jetzt ist auch genug gespielt – Juli will Video gucken: *Die Eiskönigin – Völlig unverfroren.*

»Darfst du das denn? Haben Mama und Papa das erlaubt?«

»Ja. Ich leg schon mal die DVD ein.«

Opa gelingt es, den Fernseher einzuschalten. Er schafft es auch, einen Sender zu empfangen und sogar den entsprechenden Kanal, auf dem man die DVD sehen kann. Was ihm nicht gelingt, ist, die richtige Sprache auszuwählen. So läuft der Film auf Englisch.

»Juli, noch mal schnell die Nase putzen.« Sie hält Opa ihre Nase hin, ohne den Blick vom Bildschirm zu nehmen.

Die Eltern tauchen wieder auf: »Na toll, Opa, hat sie dich wieder rumgekriegt?«

Opa lächelt.

Juli: »Opa, ich möchte einen Zwieback mit Frischkäse!«

»Dann halten wir jetzt den Film mal an und gehen in die Küche.«

»Nein, Opa, mach du.«

Und was sagt uns das?

☞ *Ein Vormittag mit den Enkelkindern verläuft anders als ein Vormittag zu Hause.*

114

Wie man sich als Großeltern verhalten sollte

1. Sprich niemals schlecht über andere, erst recht nicht vor den Enkelkindern.
2. Erzähl deinem Enkelkind nicht ständig, wie süß es ist.
3. Ignoriere nicht die Grenzen, die die Eltern gesetzt haben.
4. Sage nicht, dass dein Enkelkind zu dünn oder dick ist.
5. Geh nicht ungefragt mit dem Enkelkind zum Friseur und überrasche die Eltern.
6. Mache keine größeren Geschenke ohne Absprache.
7. Lass deine undurchdachten Sprüche. Überlege, bevor du sprichst, Kinder verstehen keine Ironie.
8. Fluche nicht!
9. Frage deine Enkelkinder nicht aus. Sie erzählen dir sowieso alles.
10. Halte dich zurück, wenn du in Erziehungsfragen anderer Meinung bist als die Eltern.

11. Brauchen die Eltern des Kindes deinen Rat, werden sie dich fragen.
12. Biete deine Hilfe an, aber dränge dich nicht auf.
13. Mache nichts, was über deine Kräfte geht.
14. Schreibe Briefe, Postkarten mit schönen Bildern drauf, aus dem Urlaub oder von sonst wo, mit hübschen Briefmarken beklebt.
15. Fordere deine Enkelkinder auf, auch Briefe oder Postkarten zu schicken.
16. Besuche so oft wie möglich deine Enkelkinder. Spiel mit ihnen, widme ihnen Zeit.
17. Bemuttere ihre Mutter, wenn sie es braucht.
18. Wenn du Lust hast, hilf mit bei der Hausarbeit.
19. Vermittle nicht den Eindruck, dass, wenn die Mutter zum Enkelkind »nein« sagt, du derjenige bist, der das unterläuft.
20. Gib positive Rückmeldung. Lobe dein Enkelkind, wenn es Fortschritte beim Lernen gemacht hat.
21. Bleibe geduldig bei Fehlverhalten.
22. Liebe dich selbst, wie du deine Enkelkinder liebst. Etwas Besseres kannst du für deine Enkelkinder nicht tun.

Und was sagt uns das?

☞ *Auch Großeltern sollten sich an Regeln halten*

115

Wie man die Enkelkinder überzeugen kann, die Zähne zu putzen

Großeltern wissen um die Notwendigkeit von Zahnpflege, da sie bei Betrachtung der eigenen sich so mancher Sünde aus früheren Zeiten bewusst werden. Das soll bei den Enkelkindern nicht noch mal passieren.

Kinder lieben Süßigkeiten. Dagegen ist nichts einzuwenden, wenn es in Maßen passiert. Ideal wäre es, wenn man gleich nach dem Verzehr von Schokolade oder Bonbons die Zähne putzen könnte. Das ist in der Praxis aber wohl eher unrealistisch. Das Putzen nach dem Frühstück und am Abend vor dem Zubettgehen ist aber unbedingt nötig. Um einen rituellen Ablauf im Verhalten hinzukriegen, muss man sich so einiges mit seinen Enkeln einfallen lassen. Karius und Baktus müssen vertrieben werden, und das möglichst schnell. Auch wenn es sich noch um die Milchzähne handelt, so ist es doch für die bleibenden Zähne von großer Wichtigkeit, dass die Milchzähne nicht von Karies befallen sind. Da hilft nur Putzen.

Ob die Eltern das immer so richtig machen, ist den Großeltern meistens nicht zugegen. Besuchen die Enkelkinder Oma und Opa und übernachten bei ihnen, muss am Abend konsequent das Zähneputzen eingefordert werden. Man kann dann ja immer noch mit seinen eigenen Zähnen, soweit noch vorhanden, schocken und erklären, dass dann später so die Zähne bei ihnen aussehen werden. Im Badezimmer der Großeltern sollten daher Zahnputzbecher und -bürsten für die Enkelkinder bereit stehen. Die Zahnpasta sollte mit den Eltern abgesprochen sein, damit bei unbekanntem Geschmack für das Enkelkind der Reinigungsprozess nicht behindert oder gar nicht möglich wird. Ein Spiegel auf Augenhöhe des Kindes und ein Hocker sind wichtige Helfer bei der Prozedur.

Wenn Widerstand geleistet wird, gibt es Möglichkeiten, darauf zu reagieren. Autoritäres humorloses Einfordern der Zahnreinigung endet nur mit Geheul und Zähneknirschen: »So, jetzt ist Schluss. Jetzt putz ich dir die Zähne, ob du es willst oder nicht!«

Jetzt ist Kreativität gefragt.

»Bitte, ist mir doch egal, wenn Karius und Baktus in der Nacht deine Zähne anknabbern.«

Dann tut man so, als wenn man beleidigt den Raum verlassen will. Das führt dann häufig zur Reaktion: »Kuck ma, Oma. Kuck ma, was ich mahach!«

Oder zunächst einmal einer Puppe oder einem Plüschtier die Zähne putzen. Dabei Selbstgespräche führen. »Nein, Juli putzen wir heute nicht die Zähne. Die will nicht. Dann eben nicht.«

Oftmals reicht das schon als Herausforderung.

»Stimmt nicht, Opa. Ich will!«

Und was sagt uns das?

☞ *In Zeiten von Donald Trump muss man unbedingt lernen, die Zähne zu zeigen. Schlecht ist es da, wenn man gar keine mehr hat. Mit der Pflege also früh beginnen!*

116

Wie man versuchen kann, seine Enkelkinder vorurteilsfrei zu beeinflussen

Ein junger Mann mit einer Haarfrisur wie die von einem chinesischen Terrakotta-Soldaten geht vor dem Großvater. Ob er weiß, dass er dafür noch in den 50er-Jahren des letzten Jahrhunderts polizeilich abgeführt worden wäre – wegen Verstoßes gegen die guten Sitten?

Verstoß gegen die guten Sitten? Was ist das denn?

Vor Kurzem haben fünf junge Männer in einem FKK-Bereich vor allem Frauen beschimpft, bespuckt und beleidigt. Die meisten Badegäste schauten peinlich berührt weg. Die Männer trugen Bärte, schwarzes Haar und Badehosen. Dabei haben sie »Allahu akbar« gerufen – Gott ist groß.

Da hat Opa natürlich Fragen. Was hat Allah mit den Beleidigungen zu tun? Wer hat hier gegen die guten Sitten verstoßen? Kann man Dummheit bestrafen? Gibt es ein Hausmittel dagegen???

Ja – vorurteilsfreie Bildung! Doch das ist anstrengend, zeitaufwendig und teuer.

Opa gibt aber nicht auf, alles Wissen der Welt in sich aufzusaugen. Zum Beispiel weiß er, dass die beiden höchsten Berge in Kolumbien auf den Meter genau 5.775 Meter hoch sind, der Pico Cristóbal Colón und der Pico Simón Bolívar. Der Pico Cristóbal Colón hat aber noch eine weitere Felsscharte, sodass er die Höhe von 5.784 Metern erreicht. Die Berge liegen in den Anden, genauer in der Sierra Nevada de Santa Marta. Aber ob das Wissen reicht, um sich gegen dumpfe Blödheit zu behaupten?

Im FKK-Schwimmbad war nicht nach dem höchsten Berg in Kolumbien gefragt. Es war was anderes gefragt. Gefragt danach, den Mund aufzumachen, gegen die Bedrohung durch die fünf jungen Männer. Zur Bildung gehört doch wohl mehr, zum Beispiel Zivilcourage. Aber das ist eine Haltung, die kann man nur schwer lernen, die kann man aber gar nicht hoch genug einschätzen, höher zu bewerten als das Wissen über die höchsten Berge Kolumbiens. Den Mut, den Mund aufzumachen, hat man oder hat man nicht.

Können Großeltern ihren Enkeln Zivilcourage beibringen? Ja, sie können! Durch vorurteilsfreie Erziehung!

Und was sagt uns das?

☞ *Mach den Mund auf, auch wenn es anstrengend ist. Mach dich grade. Auch dann, wenn die Enkelkinder dabei sind. Dann geht es dir danach auch besser.*

Wie die Volkshochschule helfen könnte

Es gibt in Deutschland eine Institution, die allen Bürgern unabhängig von ihrer Schulbildung eine Weiterbildung ermöglicht: die Volkshochschule. Die Träger, meist die Kommunen, geben sich viel Mühe, ein breit gefächertes Angebot anzubieten.

In den informativ gestalteten Broschüren locken Kurse zu Politik, Gesellschaft und Umwelt. Die Gesundheitsbildung, die Informationstechnische Grundbildung und die Kultur werden ebenso nicht vergessen wie die Sprachkurse für Migranten.

Wenn man sich Mühe gibt, wird man sicher auch Kurse für werdende Väter und Mütter finden. Aber was ist mit werdenden Großeltern? Hier werden Oma und Opa ganz allein gelassen. Warum beachtet man eine Klientel, die in die Millionen geht, nicht? Steckt dahinter, dass die mit ihrer Lebenserfahrung schon alles richten werden? Immerhin liegt das Windelwickeln im Schnitt schon 30 Jahre zurück!

Junge Eltern sind in vielen alltäglichen Fragen verunsichert. Sie tauschen sich mit anderen jungen Eltern aus, recherchieren im Internet, holen den Rat von Ärzten ein, fragen oftmals aber auch die Großeltern um Rat. Vieles ist bei denen aber im Nebel des Vergessens versunken.

Muss eine Zecke herausgedreht oder -gezogen werden?

Gibt man Fiebersaft erst bei 40 Grad oder früher?

Aber das größte Problem ist das der Erziehungshoheit. Wer darf wem in welcher Situation sagen, wie er sich zu verhalten hat? Darf Opa sich zum Gutmenschen machen, indem er alle Freiheiten gewährt? Darf Oma, in all ihrer Fürsorge, vorschreiben, was wann im Fernsehen geguckt wird?

Da könnte die Volkshochschule mit Angeboten zur Seite stehen. Ob potenzielle Omas und Opas das Angebot annähmen, wäre einen Versuch wert. Wahrscheinlich verbringen sie ihre Zeit statt in Kursen lieber mit ihren Enkelkindern.

Und was sagt uns das?

☞ *Großeltern müssen alleine klarkommen.*

Wie man einen Schrank von Ikea für das neue Enkelkind aufbauen kann

Man kann sich Möbel von einem Möbelhaus liefern lassen. Die bauen sie perfekt auf. Das hat den Nachteil, dass das Ganze ziemlich teuer wird. Das hat den Vorteil, dass man sicher sein kann, dass dann auch alles in Ordnung ist.

In Ordnung? Nein, nichts ist in Ordnung. Man bringt sich um eine ganz wichtige Erfahrung, die Erfahrung des gemeinsamen Aufbaus eines solchen Möbelstücks. Man entwickelt eine besondere Beziehung zu dem Möbelstück. Man lernt den Partner durch sein Verhalten beim Aufbau näher kennen, in diesem Fall den Schwiegerfreund der Tochter von Opa, den Vater seines Enkelkindes Juli und nun auch demnächst von Liv.

Wie sieht es mit seiner Geduld aus? Gibt er schnell auf? Schimpft er rum? Wie belastbar ist er? Kann er über sich selbst lachen?

Der aufzubauende Schrank heißt »Hemnes«, klingt wie »Hemmnis«. Das motiviert nicht unbedingt, frischen Mutes ans Werk zu gehen. Millionen Menschen haben das aber schon geschafft. Man muss doch nur die Bauanleitung befolgen. Die ist in Comicsprache abgefasst. Das macht Mut. Das kann sogar Opa verstehen.

Erster Schritt für den Aufbau: auspacken. Folge: Das Verpackungsmaterial verstopft das Kinderzimmer.

Nächste Schritte: Bretter wie vorgegeben hinlegen. Die Schrauben und sonstige Teile aus den Plastikfolien holen, Schrauben eindrehen. Folge: Chaos im Kinderzimmer.

Nach und nach entsteht aber trotzdem so etwas wie ein Schrank. Es bleiben aber Missverständlichkeiten. »Hier müssten jetzt zwei Plastikschrauben rein.«

Geht aber nicht, denn das Brett ist falsch rum eingebaut. Um es aber zu drehen, müsste man den ganzen Schrank wieder auseinanderbauen und dann bereits gemachte Arbeitsgänge wiederholen. Sehr aufwendig. Und kriegt man das wieder so hin, wie es jetzt schon ist? Man kommt zum Schluss – es muss auch so gehen. So ein Schrank soll ja nicht für die Ewigkeit halten.

»Wo ist der Inbusschlüssel geblieben?«

»Der was?«

»Na, der sechseckige Schlüssel. Der liegt doch immer bei den Schrauben.«

»Keine Ahnung. Eben hab ich ihn noch gesehen.«

»Die Schrauben sind zu kurz!«

»Hier sind längere!«

»Was machen wir mit den Schrauben, die übrig bleiben?«

»Ich denke, die sind alle genau abgezählt?«

»Die spinnen, die Schweden!«

Am Ende steht der Schrank, allerdings, es sind Stunden vergangen, und die Türen lassen sich irgendwie nicht ganz schließen. Vielleicht stimmte mit den Schrauben doch etwas nicht. Egal, er ist auch so zu benutzen, vielleicht merkt es die Tochter ja gar nicht. Aber Opa hat die Erkenntnis gewonnen: Der Schwiegerfreund ist belastbar und geduldig. Das beruhigt Opa sehr, weiß er doch, dass seine Tochter in guten Händen ist.

Bleibt am Ende nur noch die Frage, warum die Möbelbausätze so merkwürdige Namen haben. Alle Möbel im Angebot haben skandinavische Ortsnamen. Der gerade eben aufgebaute Schrank »Hemnes« ist nach einem schwedischen Ort an der Grenze zu Norwegen benannt. Ein Kinderbett aus der Angebotsreihe heißt »Gutvik«. Ein Schelm, wer sich dabei Ableitungen zu deutschen Worten einfallen lässt, die vom Hersteller so nicht gemeint sind, denn auch Gutvik ist ein Ort, diesmal in Norwegen am Europäischen Nordmeer.

Und was sagt uns das?

☞ *Die Erkenntnisse, die beim gemeinsamen Tun kommen, helfen weiter und lassen soziale Nähe entstehen.*

119

Wie man Gründe findet,
auch außerplanmäßig die Enkel zu sehen

Jonna ist krank. Sie hat Fieber – immerhin 38,9 Grad –, und das schon am frühen Morgen. Da wollen die Großeltern helfen, setzen sich ins Auto und fahren los.

Sie liegt ganz elendig im Wohnzimmer auf der Couch. Xihuan hat ihr gerade Nudeln mit Tomatensauce gemacht, das erste Mal ohne Marthes Hilfe. Stolz zeigt sie Jonna den Teller. Die will das aber nicht. Hilflos steht sie mit dem Teller neben der Couch.

»Will du nich Nudel habe?«

Jonna antwortet nicht, sie leidet. Auch die Begrüßung der Großeltern ist eher zurückgenommen. Besorgt streicht Oma über ihr Gesicht und fühlt die Stirn.

»Hast du denn Appetit auf Möhren-Apfel-Salat?«, fragt Oma.

»O ja!«, ein Anflug eines Lächelns huscht über ihr Gesicht.

Oma wendet sich Xihuan zu, möchte deren Enttäuschung mildern. »Weißt du, bei Fieber hat man mehr Appetit auf etwas Saftiges. Die Nudeln isst sie bestimmt später.« Xihuan lächelt freundlich und nickt. Ob sie das verstanden hat? Miezi, die Katze des Hauses, liegt faul und schnurrend auf Jonnas Bettdecke.

Jente kommt vom Kindergarten zurück.

»Fühl ma, ich bin ganz heiß«, sagt Jonna. Ein bisschen Mitleid zeigt Jente für ihre Schwester schon, aber dann wird es doch recht langweilig. Es treibt sie nach draußen. Opa muss mit. Oma bleibt bei Jonna.

»Du musst dich weiter ganz unter die Decke verkriechen. Dann schwitzt du ordentlich, und dann kommen alle Krankheitskeime raus.«

Jente geht mit Opa zum Pferdestall. Dalli wird die Trense umgelegt, und es wird auf den Hof geführt. Wobei das nicht wirklich stimmt. Das Pony führt Jente. Es macht, was es will, geht mit ihr zum Grasen. Auch durch Aufbringen ihrer größten Kraft schafft sie es nicht, das Pony nach ihren Vorstellungen zu beeinflussen. Opa bindet Dalli schließlich an der Stalltür an. Der Kasten mit den Utensilien für die Pferdepflege wird herausgeholt. Nun wird es ein bisschen gebürstet, die Hufe werden ausgekratzt, und mit einem Kamm wird die Mähne gestriegelt.

»Jente, pass auf, da ist Pferdescheiße!«

»Opa, das sind Äpfel!«

»Kann man die denn essen?«

»Nein, das sind Pferdeäpfel.«

Das Pony kommt wieder in den Stall. Der Striegelkasten bleibt, wo er ist. »Jente, der Striegelkasten muss noch weg.« Widerwillig folgt sie der Aufforderung.

Vom Pferdestall geht es zur Schaukel.

»Opa, aufdrehen!«

Nachdem Opa den Schaukelsitz mit ihr aufgedreht hat, lässt er los, und der Schaukelsitz mit Jente dreht sich in immer schnellerem Tempo, bis er wieder abgewickelt ist und sich durch den Schwung in die andere Richtung aufdreht.

»Opa, Trecker!«

»Wo ist er denn?«

»Im Treibhaus.«

Im Treibhaus gibt es neben ein paar Tomaten auch Fahrräder, Roller und Trecker. »Jente, muss das denn sein? Der Trecker steht ganz hinten.«

»Ja, das muss sein.«

Und so kommt Opa ins Schwitzen. Den Plastiktrecker samt Jente in Gang zu bringen verlangt Unterstützung durch Opa. Das geht nur sehr langsam. So verliert sie die Lust und will nun aufs Trampolin. »Erst mal die Schuhe ausziehen.«

»Opa, du musst sagen!«

»Was?«

»Te-rapp, Ga-lopp und so. Und ich mach das dann. Das weißt du doch. Ja?«

»Jente, wie wäre es denn, wenn wir wieder ins Haus gehen? Wollen wir nicht mal sehen, wie es Jonna geht?« Das überzeugt.

Beim Eintreten in die Wohnung entdeckt sie vor der Tür rosafarbene Pferdehufglocken. Die werden zum Schutz der Pferdehufe gebraucht. Nun geht es wieder zurück zu Dalli in den Pferdestall. Dort werden ihm die Dinger umgelegt.

»Aber es braucht doch jetzt gar nicht die Hufglocken, das stört das Pony doch jetzt nur.«

Wortlos beendet Jente ihre Aktion.

»So, Jente, jetzt hast du es geschafft. Jetzt stehst du wirklich in der Pferdescheiße.«

»Nein, das sind Pferdeäpfel.«

»Die Schuhe ziehst du aber sofort aus, wenn wir jetzt reingehen.«

Oma liest Jonna gerade vor, als sie reinkommen.

»Du hast es ja gut. Du kannst hier gemütlich sitzen und vorlesen.«

»Wieso, frische Luft und Bewegung ist doch viel besser.«

Jente hat inzwischen ihre Jacke, Mütze und Schuhe im Wohnzimmer verteilt und will sich auf ihrem Holzreitpferd verstecken. Opa soll eine Decke über sie legen. »Sucht mich mal!«

Jonna ruft von ihrem Krankenlager: »Das sieht doch jeder, dass Jente unter der Decke auf dem Pferd sitzt.«

»Du bist gemein, du hast mich verraten.«

Sie fängt fürchterlich an zu heulen.

Und was sagt uns das?

☞ *Krankheiten der Enkelkinder helfen den Großeltern, fit zu bleiben.*

120

Wie man über eine materielle Absicherung nachdenkt

Merkwürdig. Jetzt in der intensiven Zeit mit den Enkelkindern denkt Opa immer stärker darüber nach, ein finanzielles Polster für seine Enkelkinder anzulegen.

Wie macht man das am besten?

Früher konnte man sparen, bekam dafür Zinsen – Geldleihen war teuer und risikoreich. Heute ist das anders. Die Zeiten des Sparbuches sind seit der Finanzkrise vorbei. Das hat sogar Opa mitgekriegt.

Es gibt offensichtlich zu viel gespartes Geld. Ein volkswirtschaftlicher Schaden entsteht, weil die Gesellschaft zu viel gespart hat? Für Opa schwer zu verstehen, der aus einer Zeit kommt, wo Sparen noch eine Tugend war. Nun haben sie zum ersten Mal in ihrem Leben etwas Geld übrig, und es wird nicht gebraucht.

Es kommt ihm ein Werbespot in den Sinn, den er vor vielen Jahren öfter gesehen hat. Ein grimmig aussehender Mann guckt in die Kamera und spricht mit jemandem in einem Befehlston: »Hast du im Lotto gewonnen?«

Die Kamera zeigt nun einen genervten jungen Mann: »Nein!«

»Hast du eine Ölquelle im Garten?«

»Nein!«

»Bei Abwesenheit solcher Dinge – hast du mal über eine Versicherung nachgedacht?«

»Was?«

Seine Körpersprache sagt, dass ihn das überhaupt nicht interessiert.

»Ich meine eine Versicherung, eine Lebensversicherung. Das ist ganz einfach. Du gehst in eine Bank, daran zu erkennen, dass draußen ein Schild ist, auf dem ›Bank‹ steht.«

»Haha!«

Der junge Mann blickt zur Seite und grinst in sich hinein, wohl denkend: Mann, was bist du doch für ein Idiot!

Und so sagt er: »Und wenn ich die Angebote der Bank scheiße finde?«

»Ich will, dass du das jetzt machst, und zwar sofort. Ich möchte nicht, dass du später einmal meinem Enkelsohn zur Last fällst!«

Nun fährt die Kamera ein wenig zurück, und man sieht, dass der junge Mann ein kleines Baby auf dem Schoß hat. Man hat das Gefühl, dass er nun doch schon halb überzeugt ist, denn er sagt: »Okay?«

Ja, so einfach war das früher, monatlich in eine Lebensversicherung einzuzahlen, die Summe merkt man nicht, dann warten, und man hat am Ende das Doppelte und Dreifache. Aber kann man das heute noch empfehlen? Nein!

Also, wohin mit dem Geld der Großeltern?

Gold kaufen?

Aktien kaufen?

Unter das Bett?

In den Sparstrumpf?

Geld verschenken an die Enkelkinder?

Geld verschenken an die Kinder?

Grundbesitz für sie kaufen?

Auf die Idee sind auch schon viele andere gekommen. Die Immobilienpreise steigen ins Absurde, und das nicht nur in den Großstädten, auch in der Provinz. Da werden zum Beispiel zurzeit Zweizimmerwohnungen für eine halbe Million Euro angeboten. Dafür gibt es wohl tatsächlich Käufer.

Andererseits, wenn man das Geld auf dem Girokonto lässt, kann man zusehen, wie es seinen Wert verliert.

Ein Dilemma!

Opa ist ratlos. Er weiß nicht, was er machen soll. Immerhin hat er Konten für seine Enkelkinder angelegt, auf die monatlich bestimmte Summen fließen, die dann zum 18. Geburtstag den Enkelkindern zur Verfügung stehen. Wenn alles gut geht. Man weiß es ja nicht. Aber das soll dann nicht mehr sein Problem sein.

Und was sagt uns das?

☞ *Wie man es macht, macht man es verkehrt, aber das Verkehrteste ist, gar nichts zu machen.*

121

Wie man zu einem ereignisreichen Nachmittag kommt

Die Eltern von den Enkelkindern müssen arbeiten. Alle haben sie wenig Zeit für ihre Kinder.

Wie schön! Da können die Großeltern wieder tätig werden. Sie sollen mit dem Wagen die Enkel mittags aus dem Kindergarten abholen. Da sie in unterschiedlichen Einrichtungen untergebracht sind und zu unterschiedlichen Zeiten abgeholt werden müssen, ist das Fahren relativ aufwendig. Zuerst ist Juli dran. Sie wird zu sich nach Hause gebracht. Oma bleibt mit ihr dort und bereitet das Essen vor. Opa muss noch einmal los, um nun Jonna und Jente abzuholen. Sie werden auch zu Juli nach Hause gebracht.

Über das Programm des Nachmittags müssen die Großeltern sich keine Gedanken machen. Das bestimmen die Enkelkinder. Die zwischenmenschlichen Verhaltensweisen laufen ab wie bereits erwähnt. Bei dreien wird fast immer einer ausgeschlossen. Auch diesmal ist es wieder Jonna, die sich nach anfänglichem Frust dann doch mit ihrem Schicksal abfindet. Sie will sich einen hochhackigen Schuh basteln. Dazu nimmt sie sich Pappe, Papier, Bleistift, Tesafilm und eine Schere. Mit dem Bleistift zeichnet sie einen Umriss von ihrem Fuß auf die Pappe. Das Papieroberteil des Schuhs wird mit Tesafilm auf die Pappsohle festgeklebt. Die Hacke des Schuhs soll nun auf die Sohle geklebt werden. Dabei hat sich das Klebeband auf der Rolle festgesetzt. Nun darf Opa ein wenig Hilfe sein.

»Kannst du mal den Anfang suchen?«

Das ist für Opa leicht. Er fährt mit dem Fingernagel über die Rolle, bis er einen Widerstand spürt. Dann braucht er nur das Ende aufzupulen. Wie schön, helfen zu können. Die Statik des Schuhs ist allerdings nicht sehr stabil. Ob man da nicht Keile in den Absatz einbauen sollte? Ja? Auch das bringt keine wirkliche Hilfe. Das Interesse am Pappschuh versiegt.

»Den schenk ich Jente.«

Das Geschenk kann Jente aber nicht wirklich würdigen. Sie beißt ein Stück von der Pappe ab und kaut darauf herum. »Igitt! Schmeckt nicht!«, sagt sie und schmeißt das Kunstwerk in die Ecke.

»Jente!!!«, schreit Jonna. »Ich hab mir so viel Mühe damit gegeben!« Jente hat für ihre Schwester nur ein Achselzucken.

Nun drängen die Großeltern zum Aufbruch, denn die beiden Enkelkinder sollen zum späten Nachmittag zurück zu den Eltern gebracht werden, was wieder mit einer längeren Autofahrt verbunden ist. Auch Juli muss mit.

Die angekündigte Aktion gestaltet sich schwierig, weil alle keinen Grund sehen, dieser Aufforderung nachzukommen. Juli muss auf die Toilette, dabei darf aber nur die Oma zusehen und dann helfen. Jente läuft nackend herum. Wahrscheinlich haben sie mal wieder Doktorspiele gemacht. Sie alle wieder in ihre Kleider zu drängen ist nicht so einfach. Die Unterhose wird vergessen, die Strumpfhose ist falsch rum angezogen. Der Reißverschluss der Jacke muss unbedingt allein zugemacht werden. Die Stiefel müssen ebenfalls allein angezogen werden. Am Ende sind aber dann alle so weit, dass die Autofahrt beginnen kann.

»Mal sehen, wer am schnellsten angeschnallt ist!«

»Wir sind wohl jetzt alle Wölfe und müssen heulen.«

Und so beginnen die drei ein vielstimmiges Wolfsgeheul.

»Aaarrrrrooooooooooooooooooooohaaaaaaaaaaaauuuuuuuu!«

Oma hält sich die Ohren zu. Das finden die drei noch komischer, und – eigentlich nicht vorstellbar – die Lautstärke steigert sich noch ein weiteres Mal. Omas Versuche der Ablenkung scheitern. Anweisung von der Rückbank: »Es kommen immer mehr Wölfe!«

Oma beginnt nun auch zu heulen wie ein Wolf. Kurze Verwunderung auf der Rückbank. Sie stößt Opa an. »Mach mit! Bringt Spaß!« Und so heulen alle fünf im Wagen, jeder auf seine Weise.

»Jetzt mal in einer Reihenfolge: Ich fang an, dann Jente, dann Juli, dann Oma und dann Opa. Und wenn Oma ein Zeichen gibt, müssen wir alle aufhören zu heulen.«

Opa muss zugeben, dass ihm das Wolfgeheul Spaß macht.

»Aaaarrrrroooooooooooooooooooooohaaaaaaaaaaaauuuuuuuu!«

Auf Omas Handzeichen verstummen alle auf Kommando. Klappt hervorragend. Sekundenlange Ruhe. Um die Wölfe wieder zu beruhigen, macht Oma in den Heulpausen ein Rechenspiel. Dazu hält sie kurz ein paar Finger in die Luft. »Wie viel sind das?« Die sechsjährige Jonna erfasst die Zahlen sofort. Es wird Zeit, dass sie in die Schule kommt.

So erreichen sie ihr Ziel. Das Au-pair-Mädchen Xihuan steht am Stall bei den Pferden, bedient ihr Handy und dreht die Spitzen ihrer schwarzen Haare.

Und was sagt uns das?

☞ *Wie ein Wolf heulen kann die Seele befreien und reinigen.*

122

Wie ein Theaterabend einen
ganz anderen Verlauf nehmen kann

Der Theaterabend wird ein kleines Desaster. Eigentlich sollte es ein netter Abend werden, Essen mit Freunden in einer urigen Bierkneipe. Matjes mit Bratkartoffeln, dazu ein großes Bier.

Leider liegt der Fisch Opa nach dem Verzehr schwer im Magen, es geht ihm nicht gut. Auch der Obstler danach bringt keine Erleichterung. Und dann meint noch ein ganz sensibler Geist aus der Runde nachfragen zu müssen, ob die dunkle Stelle auf seiner Stirn nicht vielleicht Hautkrebs sein könnte? Das sollte man doch mal untersuchen lassen.

Die Eintrittskarten des Theaters haben die Freunde besorgt, die nicht wissen, welches Problem Opa hat. So wird er durch die Eintrittskarte in die Mitte einer Sitzreihe gezwungen, was seine Klaustrophobie, seine Raumangst, aufleben lässt. Er guckt nach rechts und links und überlegt, welchen Weg er wohl einschlagen werde, wenn es ihn umtreibt, die Flucht nach draußen anzutreten. Er wird sich für die linke Seite entscheiden, denn da ist der Weg kürzer, allerdings sitzen gerade da alte und behäbig wirkende Leute.

Die Türen des Theaters werden nun geschlossen. Über ihnen leuchten die Schilder auf: »Notausgang«. Alles keine gute Voraussetzung für einen gelungenen Theaterabend, aber immerhin, zur Not findet man da einen Ausgang. Opa fängt an zu schwitzen. Der rote Samtvorhang der Bühne öffnet sich. Eine Tanzgruppe versucht, gute Stimmung zu machen. Der Hauptdarsteller singt in holprigem Deutsch. Das passt zu den breiigen Melodien. Ein Wunder, dass man sich als Sänger so was merken kann.

Nach Ewigkeiten kommt endlich eine Pause. So haben Oma und Opa die Chance, das Weite zu suchen. Da gibt es auch keine Rücksicht auf die Freunde, die das Stück auch eher durchschnittlich finden, es aber nicht so recht zugeben wollen, weil sie ja viel Geld bezahlt und den Schauspielern gegenüber eine Verantwortung haben. Was sollen die denn denken, wenn im zweiten Teil keiner mehr im Zuschauerraum ist. Das ist Opa in dem Moment egal. Sein Matjes braucht frische Luft.

Zu Hause kommen sie gerade rechtzeitig, um den Anruf des Schwiegerfreundes entgegenzunehmen: »Wo wart ihr denn die ganze Zeit? Ich hab schon auf dem Handy versucht, konnte euch nicht erreichen. Wir sind im Krankenhaus, Lines Fruchtblase ist geplatzt. Könnt ihr jetzt noch kommen?«

Natürlich können die Großeltern kommen. Schnell die nötigsten Sachen einpacken und los. Wie schön, dass sie das Theater in der Pause verlassen hatten.

Das Schöne am nächtlichen Fahren ist, dass die Straßen leer sind. So kommt man schnell voran und kann seinen Gedanken nachhängen, hoffen, dass die Geburt normal verläuft. Enkelkind Juli schläft beim Eintreffen. Oma Eli und Opa Friedi haben bis jetzt Wache gehalten. Es ist inzwischen 1.30 Uhr.

Oma legt sich zu Juli ins Bett, und Opa taucht in den Keller ab, wo er sich sein Bett baut. Er schläft schnell ein, der Matjes hat sich beruhigt. Bei Oma verläuft die Nacht weniger entspannt. Da die Fruchtblase der Tochter im Bett geplatzt war, was immerhin eineinhalb Liter sein können, hat sich diese Flüssigkeit auch dort verteilt. Die Bettwäsche konnte sie nicht wechseln, weil Juli darauf schlief. Also hat sie sich ein Handtuchlager gebaut. Um 2.30 Uhr erreicht sie eine WhatsApp-Nachricht: *Tut sich noch nichts.*

Die eigene Anspannung ließ sie nicht zur Ruhe kommen. Um halb vier setzt Juli sich im Bett auf. »Mama?«

»Nein, Juli, Mama ist mit Papa ins Krankenhaus gefahren. Deine kleine Schwester will auf die Welt kommen und dich endlich kennenlernen.«

Sie braucht einen Moment, um das Gesagte zu erfassen. »Ich will zu Mama.«

»Das geht nicht. Du musst noch ein bisschen schlafen, morgen fahren wir zu Mama.

»Oma, ich bin aber nicht müde. Dann lies mir aus dem Mama-Muh-Buch vor.«

Oma macht wie gefordert. Danach möchte Juli fernsehen.

»Juli, das geht nun wirklich nicht.«

»Dann möchte ich was trinken!«

Oma geht runter in die Küche und macht ihr eine Milch. Die trinkt sie aus. Dabei zwirbelt sie ihr Haare und reicht nach Leerung des Getränkes die Flasche zurück. Um halb sieben fallen dann beide in einen Dämmerzustand, der aber nur sehr kurz anhält. Um halb acht will Juli aufstehen.

»Oma, aufstehen! Du musst jetzt duschen!« Oma beim Duschen zu beobachten, lässt sie sich nicht entgehen. Opa wird im Keller nicht belästigt, aber um kurz nach acht beschließt dann auch er aufzustehen. Seine Aufgabe ist nun, Brötchen zu holen.

Nach dem Frühstück wieder die Frage, was sich an der Geburtsfront inzwischen getan hat. Eine WhatsApp wird verschickt.

Antwort:

Nein, noch nicht viel, nur alle fünf Minuten Wehen. Das kann noch dauern.

Dann, um halb elf:

Das Kind ist da! Zwei Presswehen. Liv ist angekommen!

Alles dran?

Alles dran!

Wunderbar!

Wann können wir kommen?

Eigentlich gleich!

Juli nimmt die Nachricht von der Geburt ihrer Schwester äußerlich teilnahmslos hin. Aber zu Liv fahren, das will sie doch auf der Stelle. Mutter, Vater und Tochter sind noch im Kreißsaal. Die Großeltern samt Juli dürfen dort auch hin. Die noch geschwächte Mutter hält ihr Kind in den Armen. Es entsteht eine Atmosphäre absoluter

Übereinstimmung, ein magischer Moment. Eine Familie ist glücklich. Was gibt es Schöneres!

Liv interessiert das alles nicht. Sie will erst einmal ankommen und hält ihre Augen geschlossen.

Und was sagt und das?

☞ *Ein neuer Mensch ist eine neue Hoffnung.*

123

Wie man sich auch mal fordern lässt

Die Eltern von Jonna und Jente sind zu einer Verkaufsmesse nach Düsseldorf geflogen. Die Eltern von Juli sind noch im Krankenhaus. Ob man da einspringen könne. Ja doch, gern.

Die Kinder müssen mittags aus ihren Kindergärten abgeholt werden. Zunächst einmal Juli. Das dauert so seine Zeit, da der Kindergarten neue »Schleichpferde« zum Spielen bekommen hat und sie sich gar nicht davon trennen kann. Das muss Oma und Opa alles gezeigt werden.

»Juli, komm. Wir müssen noch Jonna und Jente abholen. Die warten schon auf uns.« Das lässt sich Juli nicht zweimal sagen. Ihre Cousinen aus dem anderen Kindergarten abzuholen findet sie spannend. Nach wenigen Minuten sind sie da. Jonna und Jente spielen im Außengelände. Jetzt müssen sie Oma, Opa und Juli die neu angelegte Rutsche vorführen. Schnell ist Juli dabei. Dann noch ein wenig schaukeln, balancieren und mit Wasser matschen. In kurzer Zeit sind alle drei von oben bis unten eingedreckt. Kann man ja zu Hause alles waschen. Mit einem Mal wird Oma hektisch.

»Ach du Schreck! Ich hab ja ganz vergessen, dass Jonna gleich zum Malkurs abgeholt werden soll. Jetzt aber schnell! Hoffentlich schaffen wir das noch.«

Die Kinder sehen das eher gelassen. Nur mühsam lassen sie sich überzeugen, zum Auto zu gehen.

»Wir müssen noch unseren Kindersitz mitnehmen, der steht im Eingang«, sagt Jonna. Auf der Hinterbank wird es nun eng.

»Schnell, schnell, alle rein und anschnallen«, drängelt Oma.

Endlich, alles ist startklar.

Jente ruft: »Ich hab mein Bild vergessen! Das ist für Mama! Das brauch ich!«

»Jente, wir haben es eilig. Das kannst du doch morgen mitnehmen.«

Jentes Mund wird quadratisch, der sichtbare Vorbote zum Kreischalarm.

»Nee«, sagt Opa, »das muss ich jetzt nicht haben.«

Abschnallen, aussteigen, zurücklaufen, Bild suchen, Bild finden, wieder anschnallen. Zu Hause auf dem Ponyhof angekommen, sehen sie schon von Weitem die Frau, die Jonna zum Malkurs mitnehmen will. Gerade noch geschafft. Zum Umziehen ist keine Zeit mehr.

Über dem Hof fliegt ein Heißluftballon.

»Jente, Juli, guckt mal da oben!« Ein kurzer Blick, und schon ist er hinter dem Hausdach verschwunden. Nur das Rauschen des Brenners ist noch zu hören.

Plötzlich muss Oma auf die Toilette. Da läuft das Prozedere aber nicht so schnell ab, wie man sich das manchmal wünscht. Juli dauert das zu lange. Sie geht ebenfalls zur Toilette und lässt sich dort auf den kalten Fliesen nieder. Es kommt zu einem Fachgespräch über körperliche Ausscheidungen und wie man die am besten bewältigt:

»Machst du Pipi?«

»Nein, Aa.«

»Und?«

»Da kommt aber nichts – obwohl ich muss.«

»Dann musst du drücken«, sagt Juli. Sie rollt sich wie ein Igel zusammen und verzieht angestrengt ihr Gesicht.

»Guck mal. So musst du das machen!«

»Wenn ich zu doll drücke, dann fliegen mir die Augäpfel wie Tischtennisbälle aus dem Kopf.«

»Oma, du spinnst. Das kann ich nicht glauben. Das glaub ich einfach nicht! – Mach ma!«

Am Nachmittag geht es zur neuen Erdenbürgerin Liv ins nahe gelegene Krankenhaus. Juli ist ganz aus dem Häuschen und plappert ununterbrochen. Die Mama bittet sie, mal ein bisschen leise zu sein, damit Liv nicht gestört wird. Das findet Juli nicht gut. Sie verschränkt die Arme und setzt ihren Schmollblick auf.

»Ich finde Babys blöd!«

Sie geht zum Schrank und knallt die Schranktür auf und zu: Bamm! Bamm! Bamm!

»Juli! Lass das bitte!«

Nun versteckt sie sich im Schrank und macht die Tür von innen zu.

Oma und Opa müssen mit Jente wieder zum Ponyhof, da Jonna vom Malkurs zurückgebracht wird.

»Na, Jonna, wie war's?«

»Guhut.«

Und weiter geht's in fröhlicher Anarchie. Jente verkündet, dass sie nur Dosenmais, Brausebärchen oder Gummibärchen will – zur Not Lochbrot mit Kräutersalz. Lochbrot ist trotz intensiver Suche nicht zu finden. Die Apfelschorle kippt um und tropft vom Tisch auf den Boden. Hund Emma stürzt sich drauf. Kein Wunder, denn sie hat den ganzen Tag noch nichts zu trinken bekommen.

In einem unbeobachteten Moment verschwindet Jente vom Tisch. Vom Fenster aus kann man sie draußen laufen sehen. Sie hat sich inzwischen von ihren Kleidern getrennt, läuft nackend durch die Pferdeställe und klettert dann auf das Trampolin. Plötzlich erfolgt von dort ein markerschütternder Schrei. Alles schreckt vom Abendbrottisch auf und läuft raus. Das war es wohl mit dem Essen. Hoffentlich ist auf dem Trampolin nichts passiert.

Aber nein, sie hüpft auf der Wiese auf einem Bein und zeigt auf die Fußsohle. Sie ist offensichtlich auf eine Hummel getreten. Zwiebel und Kühlpack sind vorhanden, der Stachel wird herausgezogen. Das Schreien geht über in ein Wimmern. Oma tröstet, Jente ist hart im Nehmen, sie beruhigt sich recht schnell. Opa überlegt, ob Hummeln wohl Honig herstellen können, also Hummelhonig? Und wenn, kann man den kaufen? Und wie schmeckt der?

»Seid ihr mit dem Abendbrot fertig?«

Keine Antwort.

»Kommt, wir gehen rein und räumen ab.«

Zum Abräumen finden sich aber nur Oma und Opa ein. Wo sind Jonna und Jente? Immer noch draußen. Dort schmiert Jonna Jente gerade dick mit einer Tube Sonnencreme ein.

»Jonna, was soll das? Es scheint überhaupt keine Sonne mehr.«

»Wiesoooo? Jente wollte das.«

Die aalt sich mit der aufgetragenen Sonnencreme auf dem Liegepolster – inzwischen mehr eingefettet als sie.

»Ich bin müde. Ich geh ins Bett«, sagt Jonna.

»Dann mach dich schon mal fertig. Putz dir die Zähne, ich komme gleich.«

Als Oma zu Jonna hochgeht, stellt sie fest, dass sie bereits in ihrem Bett liegt und schläft. Für Jentes Zubettgehen ist an diesem Abend Opa zuständig. Nachdem er sie endlich ins Bett bugsiert hat, erzählt Jente, wie ihr Tag verlaufen ist. Sie hat im Kindergarten ein Brett an den Kopf gekriegt, und es gab Nudeln.

»Mit Ketchup?«

»Nein, mit Soße.«

Opa liest ihr noch etwas aus einem Buch vor.

»Ich will jetzt schlafen«, sagt sie.

»Dann pack ich mal das Buch weg.«

»Nein, Opa, weiterlesen. Ich leg mich mal so, dass mein Ohr, mit dem ich hören kann, oben ist. Und wenn du so liest, fange ich langsam an, einzuschlafen.«

Als Opa glaubt, dass sie eingeschlafen ist, sagt sie: »Und dann ist da noch ein Heizluftbalkong über unser Haus geflogen.«

Und nach einer kurzen Pause: »Ist 160 eigentlich eine große Zahl?«

Und was sagt uns das?

☞ *Heißluftballons sind sehr beeindruckend, Zahlen auch.*

124

Wie man sich Hilfe holen kann, um das eigene Image zu pflegen

Nachdem Liv auf der Welt ist, muss sich die junge Familie neu organisieren. Der bereits bei den Großeltern abgestellte entsorgte Kinderwagen muss wieder aktiviert werden. Oma und Opa erinnern sich dessen dunkel, er steht im Keller, verstaubt und vergessen. Aber so viel erinnert man noch – da war ein Rad ab.

»Könnt ihr das nicht reparieren?«

»Na klar!«

Opa bemüht sich. Er ist eigentlich nicht in der Lage, auch nur einen Nagel gerade in die Wand zu schlagen. Und so gelingt es ihm auch nicht, trotz größten Bemühens, das Rad auf die Achse so zu installieren, dass es nicht gleich wieder abfällt. Das schafft er nicht – also, wer kann helfen? Das Fahrradgeschäft am Ort! So fährt er das Gerät dorthin.

»Können Sie das Rad an meinem Kinderwagen reparieren?«

Der Blick der Verkäuferin verdunkelt sich.

»So was machen wir ja eigentlich gar nicht. Wir machen nur in Fahrrädern, wissen Sie?«

»Könnten Sie sich das trotzdem einmal ansehen?«

Widerwillig kommt sie mit. Opa weiß schon, das wird nichts. Aber trotzdem. Er macht die Rückklappe des Wagens auf.

»Nein, das seh ich schon. Das können wir nicht.«

»Wissen Sie, wer so was machen kann?«

»Nein, da kann ich Ihnen beim besten Willen nicht helfen.«

Na, dann vielleicht zu seiner Autowerkstatt. Da sind doch patente junge Leute vor Ort.

Der Monteur sieht sich das Problem an. »Na, dann wollen wir mal was versuchen! Es sieht so aus, dass der Greifer des Rades in der Nabe nicht in die Nut der Achse einrastet. Ist wahrscheinlich verrostet.« Er besprayt die Achse mit einem Gleitmittel und setzt das Rad auf die Achse. Es klickt. Es rastet ein. Das Problem ist behoben. Am Abend kann er seiner Tochter erzählen, dass das Rad wieder fest an seinem richtigen Platz sitzt.

»Toll, Opa, was du alles kannst.«

Er muss ja nicht sofort erzählen, dass er sich Hilfe von außen geholt hat. Den Ruhm für die Problembewältigung beansprucht er erst einmal für sich.

Und was sagt uns das?

☞ *Manchmal sind die Probleme leichter und schneller zu lösen, als man denkt. Man muss nur wollen.*

Wie Elternratgeber auch den Großeltern helfen können

Elternratgeber gibt es wie Sand am Meer. Kein Wunder, denn das Erziehungsgeschäft wird immer schwieriger. Noch vor einem halben Jahrhundert hätten diese Bestseller keine Chance gehabt. Nicht etwa, weil weniger gelesen wurde, sondern weil aus dem Bauch heraus erzogen wurde. Natürlich gab es auch schon damals Ratschläge. Aber die kamen von den Eltern oder Freunden.

Im Laufe der Zeit machte sich dann immer mehr Unsicherheit breit. Man wollte nur nichts verkehrt machen. Da kamen die Sachbücher, die sich mit dem Thema beschäftigten, gerade recht.

Einer der erfolgreichsten Trendsetter war Jan Uwe Rogge mit seinem *Kinder brauchen Grenzen*. In einer Mischung aus wissenschaftlichen Erkenntnissen und eigenen Erfahrungen gelang es ihm, Denkanstöße zu formulieren. In zahlreichen Auftritten weiß er auch heute noch, besonders die Mütter im Publikum zu begeistern.

Aber was haben Oma und Opa damit zu tun? Sie haben noch ohne Ratgeber erzogen. Damals, als sie ihre Töchter großzogen, kamen sie gar nicht in Versuchung zu zweifeln, wie sie das machten. Natürlich gab es die eine oder andere Diskussion, wie streng man sich in welchen Situationen zu verhalten hatte. Aber irgendwie gab es immer einen Konsens. Daher gab es keine Notwendigkeit, sich schriftlich belehren zu lassen. Und nun?

Oma und Opa sind nicht mehr getrieben zwischen Beruf und Erziehung der Kinder. Und nun haben sie viel mehr Zeit, über ihre Erziehungstaten nachzudenken. Nicht die der Vergangenheit, sondern die mit den Enkelkindern. Sie kommen nicht umhin, einzusehen, dass auch sie ein wesentlicher Bestandteil sind von dem »Wie-werden-ihre-Lieblinge«.

Opa beobachtet seit einiger Zeit, dass Oma Ratgeberhefte für Kindererziehung liest. »Warum machst du das?«

»Das ist spannend. Da kann man alles nachlesen, was wir früher falsch gemacht haben.«

»Na toll. Das ist ja aufbauend.«

»Ja, was ich wichtig und richtig finde, unterstreiche ich. Da können unsere Kinder ja mal einen Blick drauf werfen.«

»Das glaubst du doch selber nicht.«

»Egal. Ich habe das Gefühl, etwas Sinnvolles gemacht zu haben.«

Die *Bild am Sonntag* titelte vor Kurzem: »Mutige Eltern kriegen mutige Kinder«. Na, das ist doch mal eine Aussage! Hilft doch auch den Großeltern. Wer will keine mutigen Kinder? Und mutig sind

Oma und Opa sowieso, weil sie sich die Zeit nehmen, ihre Enkelkinder beim Aufwachsen zu begleiten.

Und was sagt uns das?

☞ *Elternratgeber können auch für Großeltern von Nutzen sein.*

126

Wie man feststellt, dass Jonna schulreif ist

»Opa, weißt du was?«, fragt Jonna.

»Sag!«

»Heute war eine Frau im Kindergarten.«

»Und was wollte die?«

»Ob ich reif für die Schule bin.«

»Und wie hat sie das festgestellt, wie hat sie das gemacht?«

»Da musste ich die schlechten Gesichter einmal ankreuzen. Und dann sollte ich mir einen Zug ankucken. Und darunter war noch ein Zug gemalt. Dann musste ich alles richtig machen wie oben. Was fehlte, musste ich dazumalen. Und dann kriegte ich Kopfhörer auf, und wenn ein Piep kam, musste ich zeigen, auf welchem Ohr das war. Die wollte nicht wissen, ob links oder rechts. Einfach so zeigen. Das reichte ihr.«

»Und das war alles?!«

»Nein. Dann musste ich mich neben einen Strich stellen und immer rüberspringen, so seitlich. Bis sie ›Stopp!‹ sagt. Und auf einer Karte waren blaue und gelbe Kreise. ›Wo ist mehr?‹, hat sie gesagt. Und auf einem Bein stehen und dann auf dem anderen.«

»War das schwer?«

»Opa, das war babyeierleicht, war das.«

»Und, bist du jetzt reif für die Schule?«

»Die Frau hat Mama einen Zettel gegeben. Da stand, dass ich schulreif bin.«

»Toll!«

»Das wird jetzt aber auch Zeit. Das wird mir jetzt im Kindergarten dann doch zu langweilig.«

»Wann geht es denn endlich los mit der Schule?«

»Och, das dauert noch. Erst mal hab ich nächste Woche Geburtstag, noch viermal schlafen. Vielleicht krieg ich ja dann einen Schulranzen.«

Und schon klettert sie wie ein Affe am Türrahmen hoch.

»Juli, kannst du das auch, an die Tür hochklettern?«

»Das heißt: ›An der Tür, an der Tür hochklettern‹.«

»Nein, Juli, das weiß ich genau, das heißt ›die Tür‹.«

»Aber da heißt es ›der Tür‹, glaub mir das.«

Auch sie klettert jetzt am Türrahmen hoch.

»Kuckt mal, wie Spiderman. Ich bin Spiderman!! Ich kann an die Wand hochklettern!!!«

Und was lernen wir daraus?

☞ *Auch wer schulreif ist, muss noch längst nicht die Grammatik beherrschen, und wer glaubt, Spiderman zu sein, irrt sich.*

127

Wie man erlebt, dass der neue Schulranzen den nächsten Lebensabschnitt begleiten wird

Jonna hat Geburtstag. Ein großes Ereignis für sie. Und nicht nur für sie. Jonna wird sieben. Die ganze Familie und der nähere Umkreis der Freunde nehmen daran teil. Die Vorbereitungen laufen. Oma backt den Lieblingskuchen für Jonna, einen Aprikosen-Käse-Kuchen.

Juli findet es blöd, dass Jonna Geburtstag hat. Das Geschenk ist blöd, die Verpackung ist blöd, der Kuchen ist blöd und überhaupt, sie hat gar keine Lust zum Geburtstag zu gehen. Da muss Papa ein Machtwort sprechen und ihr erklären, dass sie doch in zwei Tagen selber Geburtstag hat, und da würde sie sich doch auch freuen, wenn sie Geschenke und Besuch kriegt. Sie hört sich das an und ist dann bereit, zu Jonnas Geburtstag mitzugehen.

Kinder aus der Nachbarschaft, aus dem Kindergarten und weitere Freundinnen sind bei Jonnas Feier. Motto des Tages: »Welcome to the jungle!« An den Pferdeställen und der Halle sind selbst gemalte Dschungelmotive angebracht: Affen, Tiger, Papageien, Palmen, tropische Pflanzen. In der Reithalle hängt ein Seil vom Dach herunter wie eine Liane, an der man schwingen kann. Das wird ausgiebig jubelnd gemacht.

Opa und Oma kommen, nachdem der Kindergeburtstag abgewickelt ist. Jonna findet nun Zeit, sich auf die weiteren Geschenke, diesmal von den Großeltern, einzulassen. Sie bekommt unter anderem einen Schulranzen. Er ist in einem hellen Lilaton gehalten, hat mehrere Fächer, außen wie innen, die zum Teil bereits mit Buntstiften, Federtasche, Brustbeutel und sonstigen Utensilien gefüllt sind, die nun mal ein Schulkind braucht. Es scheint das Turbogerät unter den Ranzen zu sein, besonderer Tragekomfort inklusive. Auch eine Batterie ist vorhanden, die, wenn sie eingeschaltet ist, den Ranzen von außen beleuchtet. Dann blinkt es aus einem springenden hellweißen Einhorn.

Sie macht schon mal stolz einen Probegang.

Noch hat sie knappe drei Monate Zeit. Dann ist die erste Phase der Kindheit beendet.

Was lernen wir daraus?

☞ *Lebensabschnitte enden, neue beginnen. Die sollten mutig angegangen werden.*

128

Wie man an der Einschulung des ältesten Enkelkindes teilhaben darf

Ein besonderer Tag beginnt. Jonna soll eingeschult werden. Der Ernst des Lebens beginnt.

Schon morgens um acht trifft auf Omas Smartphone ein Foto ein, das Jonna mit ihrer Schultüte und bereits geschultertem Schulranzen zeigt. Stolz sieht sie in die Kamera. Ihre Schwester steht mit einer kleineren Tüte davor.

Oma und Opa machen sich auf den Weg. Vor der Schulfeier geht es in die Kirche. Vorne hängt, wie das in christlichen Kirchen so üblich ist, Jesus am Kreuz.

»Sag mal, hat der wirklich mal gelebt?«, fragt Jonna.

»Ja, vor gut 2.000 Jahren!«, sagt Marthe, ihre Mutter.

»Was, so lange hängt der da schon?«

Nach dem Kirchgang geht es zur Schulfeier. Dort sind in der Aula schon viele Leute eingelaufen. Da von den insgesamt 60 einzuschulenden Kindern jedes durchschnittlich sechs Verwandte mitbringt, wird es recht bald sehr eng. Jedem Kind sind genau zwei nummerierte Sitzplätze zugewiesen worden. So soll vermieden werden, dass, ähnlich wie die Liegenbesetzung mit Handtüchern an Hotelpools, einige vorpreschende Familien alle Sitzplätze für sich in Anspruch nehmen. Alle anderen verteilen sich stehend im Raum. Sehr schnell wird die Luft stickig und schwül.

Die Schulanfänger sitzen ganz vorne vor der Bühne auf Matten. Sie sind zum Teil ausstaffiert wie kleine Prinzessinnen und Prinzen, die von ihren Schultüten noch überragt werden. Riesige Tüllschleifen im Haar, Tüllkleidchen, Glitzerschuhe, gegelte Haare und Leuchtsohlen. Die junge Schulleiterin verzichtet glücklicherweise auf eine Rede. Sie beschäftigt sich mit dem organisatorischen Ablauf der Feier.

Die zweite Klasse bringt ein Theaterstück, ein Musical, auf die Bühne. »Hallo Jonathan!« heißt es. Jonathan liegt im Bett. Nein, genauer gesagt, er steht einfach nur da – ohne Bett – und hält sich eine Decke vor den Körper. Da klopft es an der Kulissentür. Jonathan öffnet. Vor der Tür steht ein Häschen, ein kleines Mädchen mit einer Häschenmaske. Das Häschen beginnt zu singen. Es trifft fast alle Töne und bittet, lautsprecherverstärkt, um Einlass, weil es draußen so kalt ist. Das Mädchen, also das Häschen, möchte gerne zu ihm ins Bett. Jonathan zeigt sich wohlwollend und gewährt singend Unterschlupf hinter seiner Decke. So stehen sie jetzt zu zweit hinter der Decke. Die Dynamik des Stücks steigert sich, indem nach und nach weitere Häschen in sein Bett wollen und mit Jonathan schlafen wollen. Jonathan ist großzügig und lässt alle rein. Fast so wie bei Hugh Hefner, dem Playboychef. Diese Parallele ist hier aber wohl nicht gemeint, denn auch ein kleiner Maulwurf wird noch hinter die Decke gelassen.

Inzwischen ist die Luft zum Schneiden. Eine Großmutter in Marthes Nähe fragt zaghaft, ob jemand einen Schluck Wasser für sie hätte. Marthe schaut sie an und reicht ihr gleich ihre ganze Flasche. Die alte Dame sieht so aus, als wenn sie gleich vom Stuhl kippen würde.

Es folgen ein Lied und eine Tanzeinlage der anderen zweiten Klasse. Die Musiklehrerin bemüht sich sehr, den Takt am Klavier besonders zu betonen. Auch das Publikum unterstützt laut klatschend die Tanzschritte. Nicht für alle erweist es sich als Hilfe. Ein Mädchen scheint richtungsverwirrt und tanzt grundsätzlich in die verkehrte Richtung, andere haben Probleme, im Takt zu klatschen und ihre kleinen Füße entsprechend zu setzen. Wohlweislich lässt man nur die Mädchen tanzen und singen. »Zweimal zwei ist vier« klingt es laut aus ihren Kehlen. Die Jungen stehen im Hintergrund und dürfen passend zum Text Schilder mit Zahlen hochhalten, da können sie nicht allzu viel falsch machen. Ach, wie ist das niedlich. Da wird so manche Träne im Publikum heimlich weggewischt.

Die Show ist vorbei. Jetzt wird es Ernst. Die Schüler werden für die Klasseneinteilungen aufgerufen. Jonna wird für die 1b aufgerufen. Mit ihrer großen Schultüte begibt sie sich erwartungsvoll auf die Bühne und wird freundlich von ihrer Klassenlehrerin begrüßt.

Und so ziehen sie davon, hinter der Lehrerin her, zum Klassenraum. Auch die Gäste zieht es nun nach draußen. Die alte Dame in Marthes Nähe ist nicht vom Stuhl gefallen, sie steht aber auch nicht auf. Als Marthe an ihr vorbei möchte, sieht sie, dass diese zusammengesunken auf dem Stuhl sitzt. Sie ist tatsächlich ohnmächtig und niemand hat es bemerkt. Schnell kommen helfende Hände und sie kommt auf dem Boden wieder zu sich.

Die erste Stunde ist vorbei und man kann das Klassenzimmer besichtigen. »Alles Gute zum Schulanfang«, steht an der Tafel. Jonna hat auf der Schultafel wie ihre Mitschüler ihren Namen geschrieben. Opa ist stolz auf sein Enkelkind. Nun ein wenig Fachsimpelei mit der noch anwesenden Klassenlehrerin, schließlich soll sie mitbekommen, dass sie es mit kompetenten Eltern und Großeltern zu tun hat.

»Wird denn wieder nach der alten Ausgangsschrift gelehrt? Ist doch jetzt wieder gefordert worden. Ist doch auch viel besser, oder was meinen Sie?«

Der nächste kleine Schritt zur Abnabelung von zu Hause ist gemacht. Opa ist beruhigt. Er weiß, dass sein Enkelkind hier gut aufgehoben ist.

Es geht wieder nach Hause.

»Morgen musst du wieder hin zur Schule. Da gibt es dann aber keine neue Schultüte. Dann wird gelernt!«, sagt Opa.

»Das weiß ich doch, Opa!«

»Hast du schon in die Schultüte geguckt?«, fragt Opa.

»Klar, Opa, was denkst du denn?«

»Und was war drin?«

»Tuschkasten, Sporthose, Naschis. Aber das Beste lag neben der Tüte. Reitstiefel!«

»Reitstiefel!? Willst du zur Schule reiten?«

»Oh – Opa!«

Jonna verdreht die Augen.

»Wie kommst du eigentlich zur Schule? Das ist doch ziemlich weit. Deine Mama kann dich doch wohl nicht jeden Tag zur Schule fahren.«

»Opa, ich werde mit dem Taxi abgeholt und zur Schule gebracht.«

»Mit dem Taxi? Warum denn nicht mit dem Bus?«

»Weil in unserer Siedlung so wenig Schulkinder sind, dass sich ein Bus nicht lohnt«, erklärt Marthe.

Opa staunt.

Und was lernen wir daraus?

☞ *Auch wenn man mit dem Taxi zur Schule gefahren wird, am Lernen kommt man nicht vorbei.*

Wie Opa sich seinen Abschied vorstellt

Da Opa nun schon ein ordentliches Stück über 70 ist, kommt er immer öfter dazu, über sein Ende nachzudenken. Das beunruhigt ihn nicht besonders, weil er ja weiß, dass er sterblich ist.

Wie stellt er sich seinen Tod vor? Keine Ahnung. Möglichst schnell, schmerzlos, aber es sollte doch noch so viel Zeit sein, dass er sich von seinen Lieben verabschieden kann.

Wie aber nach dem Tod die Zeremonie des Unter-die-Erde-Kommens ablaufen soll, da macht er sich schon so seine Gedanken. Er möchte da nichts mehr vom Heiligen Geist, von Gottvater und vom eingeborenen Sohn hören, nichts von Allah oder irgendwelchen Göttern. Eigentlich möchte er gar nichts hören. Warum nicht ein paar Minuten stillen Gedenkens vor dem Sarg verbringen?

Aber so eitel ist er dann doch.

Es wäre schön, wenn die Enkelkinder dann schon in der Lage wären, etwas über ihren Opa zu sagen, von den Begegnungen erzählen, die ihnen im Gedächtnis geblieben sind.

Vielleicht wird Jonna sich erinnern, wie Opa mit ihr im Auto saß und sie durch ihre Geräusche einen ganzen Zoo ins Auto zauberte, und wie Opa dabei am meisten Angst kriegte, wenn der Tiger auf der Hinterbank saß, oder wie sie Opa am Telefon veräppelt hat.

Wie Jente bei dem Theaterstück mit der Eiskönigin schon vorher Angst hatte, weil da vielleicht ein Wolf oder ein Fuchs mitspielte. Da wollte sie doch lieber in der hinteren Reihe sitzen.

Und Juli könnte davon erzählen, wie sie einmal eine Möwe beobachteten. Wo der Wind die Federn bewegte und man sich nicht sicher war, ob sie schläft oder vielleicht ja doch tot sei. Man hat sich dann dafür entschieden, dass sie im Himmel ist.

Ach ja, zum Abschluss der Beerdigungszeremonie könnt man doch noch ein Lied von Adriano Celentano spielen. Das Lied von dem Jungen, der in der Nähe von Mailand in der Gluckstraße auf dem Land lebt, wo dann seine Familie beschließt, in die Stadt zu ziehen. Er fängt an zu weinen. Alle stehen verständnislos um ihn herum. Was soll das jetzt? Freu dich doch: Jetzt kannst du demnächst doch ein WC benutzen. Das Wasser kommt aus der Leitung und das ganze Leben wird viel bequemer. Und er antwortet, dass er hier sein Herz zurücklässt. Und er beneidet die anderen, die weiter barfuß im Regen auf den Wiesen spielen können. Er muss nun das Ganze eintauschen gegen Teer, Zement, Häuserschluchten und Großstadtlärm.

Ein Lied über ihn. Ein Italiener erzählt Opas Geschichte, denn Opa ist auch heute eigentlich immer noch der kleine Junge vom Lande geblieben, der in der Provinz an einer Landstraße wohnte, die noch nicht mal einen Namen hatte. Der Junge, der durch sein breites Grinsen seine Unsicherheiten überspielen wollte, der eigentlich viel lieber im Regen auf der Wiese spielen wollte.

Er konnte sich nur schwer an die Veränderungen durch den Umzug in die Stadt gewöhnen. Aber Veränderungen, das weiß Opa nun, sind für die Lebensbewältigung nötig. Ohne sie gäbe es kein wirkliches Leben. Das tut weh, aber es muss wohl so sein, um ein erwachsener Mensch zu werden.

Was will Opa damit seinen Enkelkindern sagen?

Er möchte, dass seine Enkelkinder sich in ihrem Leben immer an ihre Wurzeln erinnern sollen und an die Liebe, die sie bekommen haben. Dann können sie auch nicht die Bodenhaftung in ihrem Leben verlieren, werden ihren Weg in der Welt finden und gehen.

Und auch das sollten sie wissen. Er ist nicht wirklich tot, er lebt. Er ist im Rauschen des Meeres, im wogenden Kornfeld, in der Weinbergschnecke, die sich wieder einmal im Margeritentopf niedergelassen hat und es sich auf Kosten der Pflanzen gut gehen lässt.

Denkt mal an ihn. Er wird sich freuen.

Und wenn seine Enkelkinder später einmal als erwachsene Frauen einen Urlaub in Italien am Strand der Adria verbringen und in einer sternenklaren Nacht zum Himmel gucken, werden sie in dem Sternengefunkel eine Sternschnuppe sehen. Dann können sie sicher sein, das ist Opa.

Jonna wird dann sagen:

»Oh, guckt mal. Da fliegt Opa als Sternschnuppe!«

Juli wird sagen:

»Wo?«

Jonna wird sagen::

»Na da!«

Juli wird sagen:

»Oh ja, wie schön!«

Und Jente wird sagen:

»Was war da?«

Und Jonna wird sagen:

»Oh Jente, du kriegst mal wieder gar nichts mit. Da ist Opa gerade vorbeigeflogen.«

Und Jente wird sagen:

»Du spinnst! Opa kann doch gar nicht fliegen. Der ist doch schon lange tot.«

Und Liv wird sagen:

»Lasst uns darauf einen trinken gehen.«

Und dann werden alle sagen:

»Toll, Liv, das ist mal eine gute Idee.«

Und in der Kneipe beim Wein läuft im Hintergrund ganz leise das Lied von Adriano, von dem Jungen aus der Gluckstraße, dem »Ragazzo della via Gluck«. Das fände Opa gut, er würde es sogar als ein kleines Glück ansehen.

Und was lernen wir daraus?

☞ *Das Leben ist vergänglich. Auch das der Enkelkinder. Aber das ist ja nichts Neues.*

DIETRICH VON HORN, geboren 1944, lebt in Bargteheide bei Hamburg, ist verheiratet, hat zwei erwachsene Kinder und vier Enkelkinder im Alter von sechs, vier, drei und null Jahren. Nach einem Leben als Lehrer ist er nun schriftstellerisch und mit seiner Frau als Enkelkinderbetreuer tätig. Bisherige Veröffentlichungen: »111 Gründe, Lehrer zu sein«, »111 Gründe, Mallorca zu lieben« und in Zusammenarbeit mit Hein-Dirk Stünitz »How To Survive im Ruhestand« und »Weitere 111 Gründe, Lehrer zu sein«.

Dietrich von Horn
OMA, OPA, KANN ICH EIN EIS?!
Vom Glück, Enkelkinder zu haben

ISBN 978-3-86265-672-1
Vermittlung: Literaturagentur Brinkmann, München | © Schwarzkopf & Schwarzkopf Verlag GmbH, Berlin 2017 | Alle Rechte vorbehalten. Dieses Werk ist urheberrechtlich geschützt. Jede Verwendung, die über den Rahmen des Zitatrechtes bei korrekter und vollständiger Quellenangabe hinausgeht, ist honorarpflichtig und bedarf der schriftlichen Genehmigung des Verlages. Fotos im Innenteil und auf dem Cover: Privatarchiv des Autors

VERLAG
Schwarzkopf & Schwarzkopf Verlag GmbH
Kastanienallee 32, 10435 Berlin
Telefon: 030 – 44 33 63 00
Fax: 030 – 44 33 63 044

INTERNET | E-MAIL
www.schwarzkopf-schwarzkopf.de
www.facebook.com/schwarzkopfverlag
info@schwarzkopf-schwarzkopf.de